住建领域"十三五"热点培训教材

——公私合营模式
深度解读

陈青松 李洁 齐峰 编著

中国建筑工业出版社

图书在版编目（CIP）数据

聚焦PPP——公私合营模式深度解读/陈青松等编著.—北京：中国建筑工业出版社，2016.10

住建领域"十三五"热点培训教材

ISBN 978-7-112-19952-5

Ⅰ.①聚… Ⅱ.①陈… Ⅲ.①政府投资—合作—社会资本—教材 Ⅳ.①F830.59②F014.39

中国版本图书馆CIP数据核字（2016）第237516号

本书系统介绍了PPP模式的起源及发展，重点讲解我国大力推广PPP模式的各种法规政策，以及我国推广PPP模式面临的问题及解决方法，介绍了当下我国PPP开展的重点领域。本书在理论讲解的同时穿插着典型的案例，对读者理解PPP项目具有借鉴意义。

本书可以作为相关政府决策部门、社会资本、企业高管、金融机构等PPP模式主体及相关专业人员等广大群体参考使用。

责任编辑：朱首明 李 明 李 阳 李 慧
书籍设计：京点制版
责任校对：王宇枢 李欣慰

住建领域"十三五"热点培训教材
聚焦PPP——公私合营模式深度解读
陈青松 李 洁 齐 峰 编著

*

中国建筑工业出版社出版、发行（北京西郊百万庄）
各地新华书店、建筑书店经销
北京京点图文设计有限公司制版
北京中科印刷有限公司印刷

*

开本：787×1092毫米 1/16 印张：13¼ 字数：222千字
2016年12月第一版 2016年12月第一次印刷
定价：35.00元
ISBN 978-7-112-19952-5
（29445）

版权所有 翻印必究
如有印装质量问题，可寄本社退换
（邮政编码 100037）

前言

　　PPP 是英文 Public-Private-Partnership 的简称，即公私合作模式。PPP 正在我国公共产品和公共服务供给领域掀起一场新变革。

　　目前，PPP 正成为我国经济的一个新热点，从中央到地方，从政府到企业，从国企到民企，从金融部门到实体经济，几乎都将关注的目光聚焦在 PPP 上。

　　从宏观经济上看，目前我国进入经济发展新常态、经济增长放缓、地方财政收入增速下行，在此大背景下，推广 PPP 模式对缓解政府财政压力、控制政府性债务、激活社会资本、提高项目的建设和运营效率以及拉动经济增长等方面都发挥了重要的作用，因此 PPP 模式受到各级地方政府的青睐。

　　我国大力推广 PPP 模式，一方面是为了缓解政府债务压力、减轻政府财政负担，另一方面还有着更高的国家治理诉求，即 PPP 模式引入市场竞争机制和市场价值投资理念，让技术先进、资本雄厚、管理经验丰富的社会资本参与到 PPP 项目中，有利于加快转变政府职能，实现政企分开，有助于解决政府职能错位、越位和缺位的问题，从而充分发挥政府在经济规划上的优势和社会资本在资金、技术及管理上的优势，共同提升公共产品的建设与运营效率，推进国家治理体系和治理能力现代化。

　　在财政部、国家发改委等国家部委以及各级地方政府的大力推动下，自 2014 年以来，PPP 模式在我国得到迅猛发展，部分地方政府在 PPP 方面进行了非常成功的实践，产生了可喜的示范效应。据财政部 PPP 综合信息平台的数据显示，截至 2016 年 6 月末，全部入库项目 9285 个，总投资额 10.6 万亿元。

　　虽然 PPP 在我国发展很快，但 PPP 在我国尚处于起步阶段，仍面临诸多发展困难。研究发现，这些困难主要体现在法律法规不规范、风险因素较多、融资渠道不畅等，从而阻碍了 PPP 项目的快速落地。PPP 的风险防范及科学机制的建立是当前我国推广 PPP 模式面临的重点问题。

　　本书既有关于 PPP 模式的宏观理论研究，也有具体的 PPP 项目典型案例，将具体案例融合到理论中，对行业人士操作和研究 PPP 项目具有较大的借鉴意义。

目录

一、PPP 模式上升为国家战略 ·················· 001

 （一）聚焦 PPP 大数据 ·················· 002
 （二）PPP 成为国家战略的原因 ·················· 005
 （三）PPP 的发展优势 ·················· 011
 （四）PPP 巨大的市场空间 ·················· 013

二、详解 PPP 各种模式 ·················· 023

 （一）PPP 的起源及发展现状 ·················· 024
 （二）PPP 概念解读 ·················· 026
 （三）PPP 模式以 BOT 为主 ·················· 029
 （四）污水处理 BOT 项目典型案例 ·················· 035
 （五）PPP 模式实操重点 ·················· 043
 （六）PPP 项目的评定标准 ·················· 046

三、解析 PPP 面临的困难 ·················· 051

 （一）PPP 项目落地难 ·················· 052
 （二）PPP 项目风险之忧 ·················· 056
 （三）政府需强化契约精神 ·················· 060
 （四）"邻避效应"阻碍 PPP 落地 ·················· 062

四、防范 PPP 风险 ·················· 065

 （一）如何防范 PPP 各类风险 ·················· 066

- （二）PPP 项目风险论证案例 ⋯⋯⋯⋯⋯⋯⋯⋯⋯⋯⋯⋯⋯⋯ 071
- （三）商业银行参与 PPP 的挑战与机遇 ⋯⋯⋯⋯⋯⋯⋯⋯ 075
- （四）基金新政加速 PPP 进程 ⋯⋯⋯⋯⋯⋯⋯⋯⋯⋯⋯⋯ 079

五、辨析 PPP 主要法律问题 ⋯⋯⋯⋯⋯⋯⋯⋯⋯⋯⋯⋯⋯⋯⋯ 083

- （一）PPP 立法迈出关键一步 ⋯⋯⋯⋯⋯⋯⋯⋯⋯⋯⋯⋯⋯ 084
- （二）PPP 合同是一个综合法律体系 ⋯⋯⋯⋯⋯⋯⋯⋯⋯⋯ 087
- （三）特许经营权的行政与民事合同之争 ⋯⋯⋯⋯⋯⋯⋯⋯ 092

六、促进民间资本参与 PPP ⋯⋯⋯⋯⋯⋯⋯⋯⋯⋯⋯⋯⋯⋯⋯⋯ 097

- （一）民间资本面临"挤出效应" ⋯⋯⋯⋯⋯⋯⋯⋯⋯⋯⋯ 098
- （二）民间资本难越"高门槛"案例 ⋯⋯⋯⋯⋯⋯⋯⋯⋯⋯ 102
- （三）激发民间资本投资活力 ⋯⋯⋯⋯⋯⋯⋯⋯⋯⋯⋯⋯⋯ 106
- （四）多地促进民间资本参与 PPP ⋯⋯⋯⋯⋯⋯⋯⋯⋯⋯⋯ 109

七、建立科学的 PPP 机制 ⋯⋯⋯⋯⋯⋯⋯⋯⋯⋯⋯⋯⋯⋯⋯⋯⋯ 111

- （一）物有所值评价对 PPP 发展大有裨益 ⋯⋯⋯⋯⋯⋯⋯ 112
- （二）建立科学的利益浮动机制 ⋯⋯⋯⋯⋯⋯⋯⋯⋯⋯⋯⋯ 115
- （三）奖补政策激励社会资本 ⋯⋯⋯⋯⋯⋯⋯⋯⋯⋯⋯⋯⋯ 118

八、探索 PPP 模式创新 ⋯⋯⋯⋯⋯⋯⋯⋯⋯⋯⋯⋯⋯⋯⋯⋯⋯⋯ 121

- （一）探索 PPP 模式科学发展路径 ⋯⋯⋯⋯⋯⋯⋯⋯⋯⋯ 122
- （二）盈利不暴利：非零和博弈 ⋯⋯⋯⋯⋯⋯⋯⋯⋯⋯⋯⋯ 124
- （三）供水 PPP 项目实践 ⋯⋯⋯⋯⋯⋯⋯⋯⋯⋯⋯⋯⋯⋯⋯ 127
- （四）对一例智能立体停车库项目的财务分析 ⋯⋯⋯⋯⋯ 132

九、解读 PPP 模式重点领域 ⋯⋯⋯⋯⋯⋯⋯⋯⋯⋯⋯⋯⋯⋯⋯ 139

- （一）交通 PPP 市场前景广阔 ⋯⋯⋯⋯⋯⋯⋯⋯⋯⋯⋯⋯ 140

（二）环保PPP市场快速发展 …………………………………… 143
（三）"海绵城市"建设掀起热潮 ………………………………… 146
（四）"PPP+地下综合管廊"成关键词 …………………………… 149

附录 ………………………………………………………………… 153

附录1：我国PPP法律、法规和政策（部分） ……………………… 154
附录2：关于组织开展第三批政府和社会资本合作示范项目申报筛选工作的通知 ……………………………………………………… 160
附录3：河南省PPP开发性基金设立方案 ………………………… 164
附录4：江苏省PPP融资支持基金实施办法（试行） …………… 168
附录5：云南省政府和社会资本合作融资支持基金设立方案 …… 172
附录6：四川省PPP投资引导基金管理办法 ……………………… 176
附录7：国务院办公厅关于进一步做好民间投资有关工作的通知 …… 183
附录8：关于印发《PPP物有所值评价指引（试行）》的通知 ……… 188
附录9：关于实施政府和社会资本合作项目以奖代补政策的通知 …… 194
附录10：河北省省级政府和社会资本合作（PPP）项目奖补资金管理办法（试行） ……………………………………………………… 197
附录11：北京市推广政府和社会资本合作（PPP）模式奖补资金管理办法 ……………………………………………………………… 201
附录12：江苏省政府和社会资本合作（PPP）项目奖补资金管理办法（试行） ………………………………………………………… 203

参考文献 ………………………………………………………… 206

一、PPP模式上升为国家战略

聚焦PPP——公私合营模式深度解读

PPP模式当下正成为各级政府、各类社会资本、各种金融机构关注的焦点。从国务院各部委发文指导部署，到各地方政府推出规模庞大的PPP项目，再到国有企业、民营企业、外资企业等各方社会资本广泛参与，PPP模式不断进入高潮。

2015年全国两会期间，"PPP模式"和"互联网+"同时被提升到国家战略高度。

（一）聚焦 PPP 大数据

为便于读者对 PPP 有更直观地理解，按照 PPP 政策、PPP 投资规模、PPP 历史发展等重点内容梳理如下：

1. 国家连续出台政策大力推广 PPP 模式

据不完全统计，2013 年至今，国务院及相关部委一共下发有关 PPP 的指导意见或通知达 60 多个，各省级政府层面出台的 PPP 文件亦数以百计。特别是 2014 年底以来有关 PPP 的政策出台显著加速。

2014 年 11 月，国务院印发了《关于创新重点领域投融资机制鼓励社会投资的指导意见》（国发 [2014]60 号），明确要求要建立健全 PPP 机制，就此正式拉开了 PPP 发展的序幕。为落实国务院推进 PPP 的文件精神，2014 年底国家发改委、财政部门分别出台了《关于开展政府和社会资本合作的指导意见》（发改投资 [2014]2724 号）、《政府和社会资本合作模式操作指南》（财金 [2014]113 号），主要就 PPP 的适用范围、实施主体、联审机制、部门责任、实施流程等方面提出了明确指导意见。

研究发现，各级出台的 PPP 政策主要体现在以下三个方面。

（1）规范 PPP 操作规定。国家发布的 PPP 政策文件的内容越来越具体，可操作性越来越强。财政部和国家发改委等 PPP 的主要推广部门有针对性地对 PPP 项目的识别、推介、筛选、物有所值评价以及项目财政承受能力论证等都做出了明确规定。

（2）针对行业领域出台 PPP 实施政策。国家相关部委针对海绵城市、重大水利工程、水污染防治、收费公路、公共租赁住房、城镇棚户区和城乡危房改造、铁路、城市停车设施、地下综合管廊、电动汽车充电基础设施、医疗设施等领域，分别出台了行业 PPP 实施意见。

（3）加大财政金融政策支持。PPP 模式的一个核心是社会资本的融资问题。但目前我国在推广 PPP 的过程中，阻碍 PPP 项目落地的一个重要问题是社会资本存在融资渠道不畅、融资成本过高等问题，这大大影响了社会资本参与PPP的积极性，导致PPP项目落地率不高。对此，我国各级政府部门陆续出台了政府投资基金暂行管理办法、PPP项目以奖代补政策、企业所得税优惠等支持政策，进一步从财政资金支持、税收优惠等方面支持PPP发展。

比如在社会资本的贷款期限上，国家政策性金融机构PPP项目的贷款最长可达30年。如国家发展改革委和国家开发银行联合印发《关于推进开发性金融支持政府和社会资本合作有关工作的通知》(发改投资[2015]445号)，对发挥开发性金融积极作用、推进PPP项目顺利实施等提出具体要求。明确了国家开发银行在监管政策允许范围内，给予PPP项目差异化信贷政策，等等。

2. 中央和地方连续发力，万亿PPP项目启动

2015年5月26日，国家发改委公开发布了1043个PPP项目，总投资约为1.97万亿元。国家发改委有关负责人表示，将鼓励各类社会资本通过特许经营、政府购买服务、股权合作等多种方式参与建设及运营。此外，各省市也密集推出一大批PPP项目。一些地方的PPP项目如火如荼，项目加速落地签约。江苏、安徽、湖南等省份PPP项目推进速度不断加快，一些总投资数十亿、数百亿甚至上千亿元的项目也陆续公布和启动。

有着"中国PPP大数据"之称的财政部全国PPP综合信息平台数据显示，截至2016年3月底，全国入库的项目达7721个，总投资额8.8万亿元。截至2016年4月底，全国入库的PPP项目达到8042个，总投资达9.3万亿元，PPP项目覆盖也由5个行业扩大到13个行业。截至2016年6月末全部入库项目9285个，总投资额10.6万亿元。随着国家政策文件集中出台，PPP得到快速推广。

3.PPP在中国的发展历史，大体经历了五个阶段

（1）改革开放以来，外资大规模进入中国，一部分外资进入基础设施和公用事业领域。代表性的项目有广东深圳沙角B电厂BOT项目、广州白天鹅饭店和北京国际饭店等，其中深圳沙角B电厂被认为是我国真正意义上的第一个BOT项目。当时PPP模式尚未引起国家层面关注，国家也没有相应的政策和规章进行支持和规范。

（2）20世纪90年代，以BOT为代表的PPP模式被引入中国电厂等基础设施领域，主要是外商投资特许权项目。最有名的案例为广西来宾B电厂。广西来宾B电厂为我国第一个国家正式批准的BOT试点项目，总投资额6.16亿美元，项目特许期18年。

（3）2003~2008年。以国企为主导的BOT和TOT模式较为流行，如国家体育场（鸟巢）PPP项目、北京地铁4号线PPP项目等。

（4）2009~2012年，在国家出台四万亿经济刺激计划的大背景下，再加上地方政府对基础设施和公共服务的投资主要来源于土地财政收入和地方融资平台融资，PPP明显弱化。在此期间，一些正在进行的PPP项目被政府终止、社会资本被迫退出。

（5）2013年开始，国家宣布鼓励社会资本参与基础设施建设，重点是铁路和城市基础设施。中共十八大提出"市场在资源配置中起决定性作用"后，财政部、住建部、发改委一直在研究PPP，地方政府也开始用PPP模式引导建设项目，PPP模式再度进入活跃期。

尤其是自2014年以来，在各级政府的积极引导和一系列政策的支持下，PPP得到大力推广，呈现速度快、力度大、范围广的特点，PPP的应用领域也从之前的高速公路等基础设施领域迅速向污水处理、垃圾处理、智能立体停车库等环保和市政建设领域拓展，目前已经拓展到城镇化建设、医疗改革、养老、文化、旅游等领域，主要应用领域达19个行业。

PPP模式兴起于地方政府财政紧张之时，结束于融资便利之日。因此，本轮PPP热潮2013年开始酝酿、2014年正式启动，2015年获得大发展，2016年持续推进。在我国经济进入缓增长、新型城市化建设（所需资金约42万亿元，下文将有专门论述）、"大气十条""水十条""土十条"（三者所需资金约17万亿元，下文将有专门论述）纷纷出台的背景下，PPP的火热预计将持续。

(二) PPP 成为国家战略的原因

从 2013 年年底酝酿到 2015 年年初正式布局,从国务院直至各地方政府均在发力 PPP。李克强总理多次在国务院常务会议上要求,要大力创新融资方式,积极推广 PPP 模式,汇聚社会力量增加公共服务供给。2015 年全国两会,"PPP"和"互联网+"同时被提升到国家战略高度。

大力推广 PPP 模式是党中央、国务院确定的一项重大改革任务,是支持新型城镇化建设、推进国家治理能力现代化和构建现代财政制度的体制机制变革。PPP 模式是由社会资本负责设计、投资、融资、建设、运营、维护等环节,政府部门基于公共利益最大化原则负责定价、标准制定、监管等环节,通过使用者付费或政府补贴的方式保证社会资本获得合理回报,从而与社会资本建立"利益共享、风险共担"的长期合作关系。

大力推广 PPP 模式是我国经济社会发展的必然要求。PPP 上升为国家战略,具有深刻的历史背景和现实需求。改革开放以来,我国主要依靠投资、出口作为经济增长的动力。投资、出口、消费是拉动经济增长的"三驾马车"。近几年,我国经济增长呈现回落态势,"三驾马车"均不同程度放缓。具体分析如下:

1. 投资增长放缓

从投资来看,作为"三驾马车"的重要一员,在经历了长达三十多年的高速增长后,目前速度开始放慢。投资主要包括三部分,一是基础设施投资,二是房地产投资,三是制造业投资。这三类投资的比例分配大约为:基础设施占 20%~25%,房地产占 25% 左右,制造业占 30% 以上,三类投资合起来占所有投资的 75%~80%。换句话说,基础设施投资、房地产投资和制造业投资是"三驾马车"投资类的重要领域。

(1) 在基础投资领域,此前地方政府一直是基建投资的主力军,由地方政府主导的基建投资曾发挥了经济增长的引擎作用,但目前开始逐步减弱。

（2）在房地产投资方面，近几年来随着国家对房地产的宏观调控，以及受短期信贷因素、中期库存因素和长期人口因素的三重压力，房地产行业已经进入历史性的拐点，这已是不争的事实。可以说，房地产作为拉动内需的主要引擎的时代已经结束。从长期来看，我国人口结构变化制约了房地产反弹空间。

根据国家统计局《2014年国民经济和社会发展统计公报》，2014年我国13.67亿人口中，60岁及以上的老人2.12亿人，占总人口比例为15.5%；65岁及以上人口数为1.37亿人，占比10.1%。按照联合国的传统标准是一个地区60岁以上老人达到总人口的10%，新标准是65岁老人占总人口的7%，即该地区视为进入老龄化社会。无论是60岁以上老年人口占人口总数的比例，还是65岁以上老年人口占人口总数的比例，我国都双双"达标"。老龄人口比重越高，购房意愿则相对不足。

2016年5月，高盛在报告中将中国房地产板块的评级从"超配"下调至"标配"，认为现在是时候削减对中国地产股的敞口。高盛预计中国房地产的去库存仅完成了三分之一左右，总体库存水平很高。

（3）在制造业投资方面，此前在基础设施建设和房地产高速增长的拉动下，我国钢铁、煤炭、铁矿石、石油石化、建材等一系列重化工业也高速增长。而当基础设施建设和房地产高投资放缓以后，供给端的产能过剩问题越来越突出，多个行业陷入严重产能过剩的窘境。产能过剩成为制约经济发展的"拦路虎"。"去产能"成为中央经济工作会议提出的"三去一降一补"❶五大歼灭战的首要任务。

需要说明的是，作为投资重要力量的民间资本，目前也放缓投资步伐。2016年以来，民间投资在全社会投资中的比重出现了近10年罕见下滑。2016年一季度民间固定资产投资的比重降至62%，比2015年同期降低了3个百分点，比2015年全年降低2.2个百分点，这显示了民间投资低迷的局面。2016年1～4月全国固定资产投资累计增速由2015年年底的10%略升至10.5%，其中民间投资却由10.1%骤降至5.2%。

---

❶ 2015年12月18日至21日，中央经济工作会议在京举行。会议提出，2016年经济社会发展主要是抓好去产能、去库存、去杠杆、降成本、补短板五大任务。

2. 出口受多方因素影响不断回落

从出口来看，我国出口的重点区域为欧美地区。不过，近年来由于受欧美经济尤其是欧洲经济不景气影响导致外需不振，再加上人民币升值、人工成本和原材料成本不断上涨等，此前我国一直保持高速增长的出口不断回落。而另一方面，面对疲弱的市场需求，一些国家和地区的贸易保护主义有所抬头，我国成为当前遭遇全球贸易摩擦最多的国家之一。

2015年，中国货物贸易进出口总值24.55万亿元人民币，比2014年下降7.0%。其中，出口14.12万亿元，下降1.9%；进口10.44万亿元，下降13.1%；贸易顺差3.68万亿元，扩大56.4%。以美元计价，进出口总值3.95万亿美元，下降8.0%。其中，出口2.27万亿美元，下降2.9%；进口1.68万亿美元，下降14.1%。2016年1~2月，中国外贸进出口出现较大幅度"双降"。其中，2月份出口下降幅度达20.6%。

长三角、珠三角是我国的重要经济区域，也是重要的出口区域，在我国的经济版图中占有举足轻重的地位。近几年长三角、珠三角外贸出口的特点为：一是受外需不振、人民币被动升值等因素影响，出口不断下滑；二是由于原材料、劳动力等成本上升，利润空间受到挤压，竞争力持续下降；三是加工贸易持续低迷，外贸企业亟待转型升级。2016年4月，商务部对全国3000家外贸企业开展问卷调查，57.7%的企业认为2016年出口形势更加严峻。2016年全年我国外贸出口形势仍难言乐观。

3. 消费动力不足

在消费方面，当前，拉动内需已经成为我国经济发展面临的重要任务。不过，由于居民收入偏低，收入增长速度缓慢，消费拉动经济增长的动力仍然显得不足。

面对持续不断的经济下行压力，中国的宏观政策工具再次转向投资。而以基础设施建设和公共事业项目建设为重要领域的PPP模式，无疑是一把解决问题的"金钥匙"。

国家大力推广PPP模式，有着多方面的重要诉求：

（1）化解地方政府债务风险

中国社科院 2015 年 7 月的一份报告显示，中国的资产负债表总体上相对健康，但结构上仍存在局部风险，其中地方政府的杠杆率偏高是主要因素之一。截至 2014 年末，地方政府总负债 30.28 万亿元，其中地方融资平台借债占较大比重。2015 年 3 月，国务院批准由财政部下达了 1 万亿元地方政府债券置换存量债务额度，允许地方把一部分即将到期的高成本债务转换成利率较低的地方政府债券。6 月，财政部又宣布将地方政府债券置换存量债务额度再增加 1 万亿元。地方政府是地方债偿债主体，地方债偿还渠道主要是两方面：

1）地方政府财政收入。近几年我国经济增速放缓，财政收入亦随之减速，收支矛盾突出。我国财政收入增速从 2011 年的 25% 下滑至 2014 年的 8.6%。2015 年中国财政收入约 15.2 万亿元增速降至 1988 年以来新低；同期财政支出近 17.6 万亿元，同比同口径增长 13.2%，收支缺口超过 2 万亿元。

2）土地收入。自 2014 年以来，随着房地产市场深度调整，地方政府土地收入锐减。2015 年上半年，全国百强城市土地出让金锐减，成交总金额约 7000 亿元，较 2014 年同期的约 10000 亿元下滑了约 35%。

由于几年前我国大搞基本建设，地方政府欠外债巨大。地方政府一方面要偿还欠债，另一方面还要投资基建稳定经济增长。城镇化建设和基建投资带来巨量的融资需求，而土地财政却难以为继，信贷刺激隐患大。2015 年末，江苏省政府债务余额超 1 万亿，居各省份首位。辽宁、云南两省份的债务率❶已超过 100% 的警戒线。截至 2015 年末，地方政府债务率为 86%。我国地方债风险成为目前国内金融体系最严重的三大风险之一。

如前所述，投资是拉动我国经济增长的重要引擎。在基础设施投资方面，地方政府一直是主导。然而，随着 2014 年 10 月 2 日国务院发布《关于加强地方政府性债务管理的意见》（国发 [2014]43 号，以下简称"43 号文"）后，对地方债务开启了严监管模式，使地方政府融资能力大幅受限，此前风光无限的城投债亮起红灯。"43 号文"明确指出首要目标为治理政府性债务。

经济增长放缓、财政收入增速下滑、土地出让金锐减，再加上"43 号文"约束地方政府举债，使得地方政府依靠自身财力已无力支撑基建投资庞大的

---

❶ 债务率是衡量地方政府债务风险的关键指标，即债务余额除以综合财力。其中，综合财力为公共财政收入、转移支付、政府性基金收入及国有资本经营收入之和。

资金需求,发挥投资的关键作用,特别是增加公共产品和公共服务的基础设施投资就成为拉动我国经济增长的重要动力。在这种背景下,大力推广PPP模式将大大有利于打造中国经济增长的新"引擎"。

可以说,多方因素之下,PPP模式成为当下地方政府最好的选项:在缓解地方资金不足、化解地方政府债务风险、置换地方政府存量债务(主要是以TOT模式与社会资本合作)的同时,还可以稳定经济增长,起到一举多得的作用。

(2) PPP模式在国家治理现代化方面具有重要作用

有观点认为,PPP作为一种公共产品和公共服务的提供方式,其实就是一种简单的融资手段,与其他的融资手段区别不大。这种观点主要强调的是PPP模式的融资功能,并不全面,有失偏颇。国家推广PPP的目的,除了其融资功能外,还有着更高的诉求,即PPP模式对加快转变政府职能,实现政企分开,减少政府对微观事务的直接参与具有积极的作用。

"43号文"明确指出要促进政府职能的全面归位。正如财政部部长楼继伟所言,推广使用PPP模式,不仅是一次微观层面的"操作方式升级",更是一次宏观层面的"体制机制变革"。PPP模式已经被提升到国家治理现代化、市场发挥决定性作用、快速转变政府职能、建立现代财政制度和推进城镇化健康发展等机制变革的高度。

2015年5月,国务院办公厅转发财政部、国家发改委、人民银行《关于在公共服务领域推广政府和社会资本合作模式的指导意见》(国办发[2015]42号,以下简称"42号文"),指出在公共服务领域推广政府和社会资本合作模式,是转变政府职能、激发市场活力、打造经济新增长点的重要改革举措,具有重要的作用:

1)有利于加快政府职能的转变,实现政企分开、政事分开。作为社会资本的境内外企业、社会组织和中介机构承担公共服务涉及的设计、建设、投资、融资、运营和维护等责任,政府作为监督者和合作者,减少对微观事务的直接参与,加强发展战略制定、社会管理、市场监管、绩效考核等职责,有助于解决政府职能错位、越位和缺位的问题,深化投融资体制改革,推进国家治理体系和治理能力现代化。

2)有利于打破行业准入限制,激发经济活力和创造力。政府和社会资本合作模式可以有效打破社会资本进入公共服务领域的各种不合理限制,鼓励国有控股企业、民营企业、混合所有制企业等各类型企业积极参与提供公共服务，给予中小企业更多参与机会，大幅拓展社会资本特别是民营资本的发展空间，激发市场主体活力和发展潜力，有利于盘活社会存量资本，形成多元化、可持续的公共服务资金投入渠道，打造新的经济增长点，增强经济增长动力。

3）有利于完善财政投入和管理方式，提高财政资金使用效益。在政府和社会资本合作模式下，政府以运营补贴等作为社会资本提供公共服务的对价，以绩效评价结果作为对价支付依据，并纳入预算管理、财政中期规划和政府财务报告，能够在当代人和后代人之间公平地分担公共资金投入，符合代际公平原则，有效弥补当期财政投入不足，减轻当期财政支出压力，平滑年度间财政支出波动，防范和化解政府性债务风险。

(三) PPP 的发展优势

PPP 模式具有缓解政府财政压力、提高政府公用事业运行效率、提升国家治理能力、拉动我国经济增长、为社会资本提供巨大机遇等优点。

当前，我国推广运用 PPP 模式具有明显优势，主要体现在：一是我国经济体量大，目前已是全球第二大经济体，城镇化建设、环境污染治理等需要社会资本的大力支持；二是我国正在进行经济转型和产业结构调整，有许多领域都可以通过 PPP 模式大发展，还可以借力"一带一路"、京津冀一体化、长江经济带建设等国家大战略，规范推进 PPP 模式；三是具有一定的后发优势，PPP 在国外发达国家已经发展得非常成熟，因此我国可以借鉴国外 PPP 模式推行过程中的经验教训，结合我国特色进行发展。

"42 号文"体现了国家对推广 PPP 的宏观思考和总体把握，以及对 PPP 发展各方面、各层次、各要素的统筹规划，一定程度上说，这就是推广 PPP 的"全局规划"和"顶层设计"。

1. 采取顶层设计，专门机构负责是 PPP 持续健康发展的组织保障

2014 年 5 月，财政部正式成立 PPP 工作领导小组，作为推广 PPP 工作的政策平台，承担制度建设、宣传培训、指导地方开展工作等职责。很多省（市）财政厅（局）设立了 PPP 工作小组，负责推广 PPP 工作。PPP 政策平台、操作平台的建立，为 PPP 各项工作提供了坚实的组织保障。

2. 良好的制度体系是 PPP 持续健康发展的根本保障

作为一种新的模式，PPP 需要法律、法规和政策的不断引领。按照"法律规范＋政策指导＋实施细则"的制度框架，财政部积极开展 PPP 立法准备工作，着力构建 PPP 制度规范体系，出台 PPP 工作通知、操作指南、合同指南和财政承受能力论证指引。自 2013 年至今，国务院各部委出台 PPP 政策 60 多个，各地方政府出台的 PPP 政策亦数以百计。具体政策见附录 1。

进一步研究发现，PPP 政策出台密集程度与项目落地情况相关。2014 年，是我国 PPP 模式探路之年，PPP 相关政策较少，只有相关部委的零星政策出台。2015 年，是我国的 PPP 发展之年，PPP 政策出台加速，国家部委、各级政府出台了一系列 PPP 政策文件。2016 年，是公认的 PPP 政策落地之年，业内迎来 PPP 政策发布的大潮。

财政部副部长张少春指出，我国 PPP 发展进入有章可循、有据可依的新阶段。目前在推广 PPP 模式的过程中，做好顶层设计的"当头炮"已经打响，今后的关键在于"真刀真枪"地推进项目建设。下一阶段，各级财政部门要结合"42 号文"的核心要求，着重在"快"字、在"实"字上做文章，确保"42 号文"各项措施落到实处，推动 PPP 工作实现新发展、新突破。

3. 海绵城市、综合管廊等行业热点是 PPP 行业发展的试金石

根据财政部 2014 年 11 月发布的《政府和社会资本合作模式操作指南（试行）》（财金 [2014]113 号）文件，PPP 模式包括委托运营、管理合同、建设—运营—移交（BOT）、建设—拥有—运营（BOO）、转让—运营—移交（TOT）和改建—运营—移交（ROT）等多种模式，这些模式可以广泛运用到市政行业的城市供水、供暖、供气、污水和垃圾处理、地下综合管廊和轨道交通等领域。而根据《指导意见》，PPP 共包括能源、交通运输、水利建设、生态建设和环境保护、市政工程、片区开发、农业、林业、科技、保障性安居工程、旅游、医疗卫生、养老、教育、文化、体育、社会保障、政府基础设施和其他等 19 个行业。

PPP 热潮之下，PPP 行业的分类、各行业在 PPP 中所占的比例及发展现状也受到业内的关注。PPP 模式应用于基础设施建设和公共服务领域，主要涉及垃圾处理和污水处理、轨道交通、供水、供气、供暖、卫生、医疗、旅游等项目。自 2015 年以来，政府要求以海绵城市和综合管廊建设为重点，突破基础设施建设，海绵城市和综合管廊逐渐成为 PPP 领域热点。

（四）PPP 巨大的市场空间

伴随着国家支持 PPP 的一系列政策出台，地方各省市相继发布 PPP 项目，PPP 市场的规模高达十万亿级。国家财政部、发改委、各地方政府积极响应国家政策，纷纷建立 PPP 项目库，具体如下：

1. 国家财政部大力支持 PPP

为更好地对全国 PPP 项目进行全生命周期❶监管，建立统一、规范、透明的 PPP 大市场，国家财政部于 2015 年 3 月组织搭建了全国 PPP 综合信息平台，对 2013 年以来全国所有 PPP 项目实现线上监管、动态数据分析、案例分享等。

据财政部 PPP 综合信息平台的数据显示，截至 2016 年 4 月底，全国入库的 PPP 项目达到 8042 个，总投资达 9.3 万亿元，PPP 项目覆盖也由 5 个行业扩大到 13 个行业。6 月末全部入库项目 9285 个，总投资额 10.6 万亿元。

截止到 2016 年 10 月，财政部已成功组织三批示范项目的申报：

（1）2014 年 11 月 30 日，财政部披露首批 30 个 PPP 示范项目清单（后调整为 26 个），总投资规模约 1800 亿元，项目集中在污水处理、轨道交通等领域。

（2）2015 年 9 月 29 日，财政部公布 206 个项目作为第二批 PPP 示范项目，总投资金额 6589 亿元。从项目领域来看，第二批 PPP 示范项目主要集中在市政、水务、交通等领域。市政领域中，又多为垃圾焚烧发电、城市地下综合管廊、垃圾处理等项目。水务领域中，主要集中在污水处理、河道整治、供水引水等项目。交通领域中，项目主要集中在城市轨道和公路。与第一批示范项目相似，第二批示范项目也集中在基础设施建设领域，不同的是第二批示范项目还囊括了医疗、教育、文化、养老等多个行业，更加关注公共服务领域。

---

❶ 全生命周期（Whole Life Cycle），是指项目从设计、融资、建造、运营、维护至终止移交的完整周期。

示范项目自公布以来便受到了社会资本的高度关注，并取得不错成效。截至 2016 年 6 月，第一批示范项目已有 15 个项目成功签约，进入到执行阶段，签约率已经过半，达到 55.56%。第二批示范项目已有 64 个进入执行阶段，签约率 31.07%。

（3）2016 年 10 月 13 日，516 个项目作为第三批示范项目公布，总投资金额 11708 亿元。从项目领域来看，第三批 PPP 示范项目主要集中在能源、交通运输、水利建设、生态建设和环境保护、市政工程、城镇综合开发、旅游养老、教育等行业。

2. 国家发改委积极推广 PPP

除财政部外，国家发改委也建立了 PPP 项目库，并先后向社会公布了两个批次的 PPP 项目。2015 年 5 月 26 日，国家发改委公开发布了 1043 个 PPP 项目，总投资约为 1.97 万亿元。本次国家发改委发布的 PPP 项目范围涵盖水利设施、市政设施、交通设施、公共服务、资源环境等多个领域，且所有项目都已明确项目所在地、所属行业、建设内容及规模、政府参与方式、拟采用的 PPP 模式、责任人及联系方式等信息，社会资本可积极联系参与。2015 年 12 月，国家发改委公布了第二批 PPP 推介项目共计 1488 个，总投资约 2.26 亿元。

截至 2015 年底，国家发改委公布 PPP 项目 2522 个，计划总投资约 4.24 万亿元。国家发改委鼓励各类社会资本通过特许经营、政府购买服务、股权合作等多种方式参与 PPP 项目的建设及运营。

国家发改委、交通部联合印发的《交通基础设施重大工程建设三年行动计划》提出，2016～2018 年，拟推进铁路、公路、水路、机场、城市轨道交通项目 303 项，涉及项目总投资约 4.7 万亿元，其中蕴藏巨大的 PPP 模式运作空间。

3. 各级地方政府积极推广 PPP

自 2014 年下半年起，各级地方政府积极推广 PPP，一方面积极出台支持 PPP 推广的地方性政策；另一方面积极搭建 PPP 项目信息平台；同地，各级地方政府还组织成立专门领导班子负责 PPP 项目的推广和落地。实践中，各地一般以省级政府和地级政府组团推介、政府部门网站发布等方式宣传、推广

一、PPP模式上升为国家战略

PPP项目，还以召开论坛、邀请各类社会资本、相关金融机构参加PPP项目推介会等形式不断加大PPP项目的推介招商力度。

从全国范围来看，一大批PPP项目密集推出，如江苏、安徽、湖南等省份PPP项目推进速度不断加快，一些总投资数十亿、数百亿甚至上千亿元的项目陆续公布和启动。截至2015年底，江苏、广东、山东、安徽、福建、河南、河北、重庆、湖南、辽宁等省市公布了其行政区域内的PPP项目信息，公布推荐的PPP项目总共达6650个，计划总投资约8.7万亿元。

不仅如此，各地政府大力还建设PPP项目库。以江苏省为例，2016年6月28日,江苏省2016年度第一批PPP项目入库项目共131个,总金额达2100亿元。

PPP市场空间高达十万亿，为社会资本提供了广阔的市场空间和难得的发展机遇，引发了各类社会资本的高度关注。而中央和地方不断出台推广PPP的政策，大大增强了社会资本的信心，也更好地激发了社会资本的投资活力。各地PPP示范项目见表1-1、表1-2。

第一批PPP示范项目名单 表1-1

序号	项目名称	省份	类型	行业领域
1	新能源汽车公共充电设施网络项目	天津	新建	新能源汽车
2	张家口市桥西区集中供热项目	河北	存量	供暖
3	石家庄正定新区综合管廊项目	河北	存量	地下综合管廊
4	抚顺市三宝屯污水处理厂项目	辽宁	存量	污水处理
5	吉林市第六供水厂建设工程（一期）	吉林	存量	供水
6	国电吉林热电厂热源改造工程	吉林	存量	供暖
7	嘉定南翔污水处理厂一期工程	上海	新建	污水处理
8	昆山市现代有轨电车项目	江苏	新建	轨道交通
9	徐州市骆马湖水源地及原水管线项目	江苏	存量	供水
10	南京市城东污水处理厂和仙林污水处理厂项目	江苏	存量	污水处理
11	宿迁生态化工科技产业园污水处理项目	江苏	存量	污水处理
12	如皋市城市污水处理一、二期提标改造和三期扩建工程	江苏	存量	污水处理
13	南京市垃圾处理设施项目	江苏	存量	垃圾处理
14	徐州市城市轨道交通1号线一期工程项目	江苏	存量	轨道交通
15	苏州市轨道交通1号线工程项目	江苏	存量	轨道交通
16	如东县中医院整体迁建项目	江苏	存量	医疗

续表

序号	项目名称	省份	类型	行业领域
17	杭州市地铁5号线一期工程、6号线一期工程项目	浙江	存量	轨道交通
18	杭州—海宁城市轻轨工程项目	浙江	存量	轨道交通
19	池州市污水处理及市政排水设施购买服务	安徽	新建	污水处理
20	马鞍山市东部污水处理厂	安徽	存量	污水处理
21	安庆市城市污水处理项目	安徽	存量	污水处理
22	合肥市轨道交通2号线	安徽	存量	轨道交通
23	东山海岛县引水工程（第二水源）	福建	存量	供水
24	九江市柘林湖湖泊生态环境保护项目	江西	新建	环境综合治理
25	胶州湾海底隧道一期项目	青岛	存量	交通
26	青岛体育中心项目	青岛	存量	体育
27	湘潭经济技术开发区污水处理一期工程	湖南	新建	污水处理
28	重庆市轨道交通三号线（含一期工程、二期工程、南延伸段工程）	重庆	存量	轨道交通
29	南明河水环境综合整治二期项目	贵州	新建	环境综合治理
30	渭南市主城区城市集中供热项目	陕西	新建	供暖

第二批PPP示范项目名单　　　　　　　　表1-2

省市	序号	项目	领域	总投资（亿元）
北京	1	兴延高速公路	交通	143.00
北京	2	北京市轨道交通十六号线	交通	495.00
北京	3	北京市轨道交通十四号线	交通	445.00
北京	4	丰台河西有轨电车一期T1T2工程	交通	69.53
北京	5	通州区北运河流域（通州段）水环境治理和生态建设	水务	64.25
河北	6	承德市克什克腾旗至承德高速公路承德段	交通	274.00
河北	7	秦皇岛市青龙满族自治县大巫岚-冷口（秦唐界）公路工程	交通	30.62
河北	8	唐山市滦县赤曹线滦州至青坨营段工程	交通	24.40
河北	9	秦皇岛市西港搬迁改造工程	交通	404.76
河北	10	2016年唐山世界园艺博览会基础设施及配套	文化	33.63
河北	11	承德市宽城满族自治县中医院迁址新建一期	医疗	1.20
河北	12	保定市唐县集中供热工程	市政	5.63
河北	13	涿州市热电联产供热管网	市政	32.00
河北	14	石家庄市国际展览中心	市政	27.50
河北	15	廊坊市北运河香河段生态综合整治	水务	38.84

一、PPP模式上升为国家战略

续表

省市	序号	项目	领域	总投资（亿元）
河北	16	石家庄市正定新区起步区河道治理和绿化工程	水务	9.11
	17	邢台市威县"建管服一体化"智慧节水灌溉与水权交易	水务	6.52
	18	承德市中心城区给排水	水务	13.87
山西	19	太原市妇幼保健院迁建工程	医疗	12.31
	20	长治市污泥餐厨（垃圾）处置	市政	3.00
	21	太原市晋阳污水处理厂及配套管网一期工程	水务	257.78
内蒙古	22	赤峰市丹锡高速克什克腾至承德联络线克什克腾（经棚）至乌兰布统（蒙冀界）段	交通	55.89
	23	呼和浩特市轨道交通1、2号线一期工程	交通	350.18
	24	包头市包医国际医院	医疗	10.00
	25	呼和浩特市"塞外安康新居"、"塞外安居新城"公租房建设	市政	29.31
	26	包头市新都市区地下综合管廊	市政	18.10
	27	呼和浩特托克托县燃气利用工程	市政	2.00
	28	赤峰市三座店水利枢纽中心城区引供水工程	水务	5.37
	29	科左后旗甘旗卡镇东区污水处理工程建设	水务	1.70
	30	鄂尔多斯市哈头才当至康巴什新区供水工程	水务	16.15
辽宁	31	盘锦职业技术学院	教育	8.47
	32	盘锦市体育中心	体育	29.25
	33	盘锦市辽东湾新区海岛生态住区地下综合管廊一期	市政	15.43
	34	沈阳市地下综合管廊（南运河段）工程	市政	32.78
	35	沈阳市大辛生活垃圾焚烧发电厂新建工程	市政	14.48
	36	沈阳市大辛生活垃圾卫生填埋场渗沥液处理	市政	1.38
	37	沈阳市老虎冲生活垃圾卫生填埋场渗沥液处理工程建设	市政	1.22
	38	沈阳市新水源建设工程	水务	17.43
吉林	39	长春市北湖湿地生态文化综合治理	旅游	40.00
	40	长春市八一公园	文化	25.00
	41	长春市养老综合	养老	9.00
	42	四平市地下综合管廊	市政	10.30
	43	长春市地下综合管廊皓月大路	市政	9.60
	44	长春市地下综合管廊南部新城乙六路	市政	3.80
	45	吉林市地下综合管廊	市政	150.00
	46	松原市城区园林绿化	市政	5.50
	47	汪清县西大坡水库	水务	6.80

续表

省市	序号	项目	领域	总投资（亿元）
黑龙江	48	哈尔滨市地下综合管廊试点	市政	28.00
	49	鸡西市生活垃圾焚烧发电	市政	4.90
	50	抚远县东极小镇开发	市政	55.10
江苏	51	扬州市611省道邗江段工程	交通	10.61
	52	泰州市职业技术学院搬迁	教育	30.63
	53	盐城市亭湖区福利中心	养老	2.00
	54	泰州市滨江工业园区公共管廊	市政	1.49
	55	镇江市海绵城市	市政	13.85
浙江	56	温州机场交通枢纽综合体及公用配套工程和市域铁路机场段	交通	58.58
	57	台州第一技师学院	教育	4.50
	58	丽水市人口健康信息化	科技	1.41
	59	丽水盆地易涝区防洪排涝好溪堰水系整治（三阶段工程）	水务	2.89
	60	丽阳溪水系综合整治工程	水务	1.51
	61	玉环县玉坎河水系水环境综合整治	水务	6.50
	62	遂昌县清水源综合水利枢纽工程	水务	5.37
宁波	63	中意（宁波）生态园基础设施建设	市政	19.13
	64	宁波市世行贷款厨余垃圾处理厂	市政	5.00
	65	宁波市鄞州区生活垃圾处置	市政	14.50
安徽	66	安庆市外环北路工程	交通	19.76
	67	宣城市水阳江大道闭合段北段工程	交通	6.06
	68	合肥高新区智慧城市管理运营	科技	26.50
	69	铜陵市餐厨废弃物资源化利用和无害化处理	市政	0.70
	70	铜陵市海螺生活垃圾焚烧厂二期	市政	0.45
	71	铜陵市城市排水一体化	水务	7.90
	72	宿州市沱北污水处理厂及配套管网工程	水务	3.20
福建	73	南平市武夷新区旅游观光轨道交通武夷山东站至武夷山景区线一期工程	交通	25.00
	74	福鼎市前岐镇等9个乡镇及双岳工业园区污水处理厂及厂外配套污水收集管网工程	水务	2.00
	75	福建省优质教育资源共享支撑工程	教育	3.00
	76	龙岩市海西高速公路网古武线永定至上杭高速公路	交通	55.00
	77	福建应急通信保障能力建设示范工程	科技	5.00
	78	厦门市东部固废处理中心生活垃圾焚烧发电二期	市政	6.60

一、PPP 模式上升为国家战略

续表

省市	序号	项目	领域	总投资（亿元）
江西	79	上饶市老年福利中心	养老	1.50
	80	赣州市章贡区社区（村）居家养老服务中心	养老	1.60
山东	81	淄博市博山姚家峪生态养老中心	养老	19.25
	82	济宁市嘉祥九顶山养老服务和生态综合治理	养老	130.78
	83	沂南城区集中供热	市政	10.03
	84	宁阳引汶工程	水务	13.13
河南	85	郑州市轨道交通运输3号线（一期）	交通	192.32
	86	郑州市有轨电车中原西路线	交通	45.45
	87	郑州市107辅道快速化工程	交通	85.12
	88	洛阳市政道桥	交通	12.62
	89	商丘市邢商永地方铁路	交通	27.10
	90	河南省濮阳市濮阳县新高中	教育	4.50
	91	济源职业教育中心高职、中职校区建设	教育	6.90
	92	焦作市技师学院新校区	教育	6.80
	93	商丘医学高等专科学校新校区	教育	8.00
	94	驻马店天中国际学校及附属综合体育场馆、青少年素质教育基地等配套设施	教育	6.00
	95	洛阳市栾川县凤凰广场建设	文化	1.60
	96	洛阳市栾川县文化艺术中心建设	文化	2.10
	97	洛阳市古城保护与整治	文化	85.00
	98	长垣县体育场人防工程综合体	文化	2.20
	99	周口市游泳馆建设	文化	1.79
	100	开封市民生养老医院	养老	2.22
	101	南阳市金鹏老年福利服务中心改扩建	养老	23.00
	102	濮阳市濮阳县人民医院新院区建设	医疗	4.10
	103	濮阳市肿瘤医院	医疗	5.00
	104	灵宝市第一人民医院建设	医疗	6.60
	105	洛阳平乐正骨医院	医疗	4.88
	106	洛阳仁大医院	医疗	6.00
	107	荥阳市人民医院整体建设	医疗	7.37
	108	周口市中医院东区医院建设	医疗	8.78
	109	济源市富士花园公租房	市政	6.20

续表

省市	序号	项目	领域	总投资（亿元）
河南	110	濮阳市濮阳县城区集中供暖	市政	2.88
	111	洛阳市汝阳县集中供热	市政	2.23
	112	信阳市光山县垃圾焚烧发电厂	市政	2.90
	113	商丘市生活垃圾焚烧发电	市政	3.99
	114	尉氏县生活垃圾焚烧发电	市政	4.00
	115	偃师洛河生态环境治理	水务	15.48
	116	洛阳市伊洛河水生态文明示范区	水务	54.63
	117	漯河市沙澧河开发二期工程建设	水务	26.65
	118	沁阳市水系建设	水务	9.54
	119	济源市西坪水库水利枢纽工程	水务	2.50
	120	洛阳市故县水库引水工程	水务	17.50
	121	潢川县城市污水处理	水务	2.60
	122	洛阳市城区污水处理及污泥处理	水务	14.40
	123	平顶山市污水处理厂	水务	7.00
	124	信阳市第一污水处理厂	水务	5.14
	125	长垣县污水、污泥处理设施	水务	3.25
湖北	126	孝感市文化中心	文化	14.29
	127	宜昌市妇幼保健院（市儿童医院）新院区建设	医疗	5.00
	128	孝感市临空区地下城市综合管廊	市政	15.00
	129	武汉市千子山循环经济产业园	市政	23.12
	130	荆门市竹皮河流域水环境综合治理	水务	31.10
湖南	131	长沙县城乡公交一体化	交通	15.00
	132	湘潭高新技术产业开发区实验学校建设	教育	5.70
	133	湘潭市教育信息化"三通两平台"工程	科技	4.50
	134	岳阳市端午文化产业整体开发	文化	50.00
	135	邵阳市第二人民医院异地扩建	医疗	8.50
	136	岳阳市湖南城陵矶新港区投资建设	市政	67.42
	137	长沙市地下综合管廊	市政	55.95
	138	衡阳市城市生活垃圾焚烧发电厂	市政	5.68
	139	永州市中心城区生活垃圾焚烧发电	市政	3.50
	140	湘乡市城市生活垃圾焚烧发电工程	市政	3.50
	141	衡阳市污水处理工程	水务	8.86

续表

省市	序号	项目	领域	总投资（亿元）
广东	142	中山市轻型跨坐式单轨首期试验段（中山市城市轨道交通1号线）	交通	50.78
	143	肇庆市四会道路改造综合	交通	18.97
	144	茂名市水东湾城区引罗供水工程	水务	11.37
	145	江门市区应急备用水源及供水设施工程	水务	2.75
广西	146	南宁市轨道交通4号线一期	交通	159.00
	147	贺州市姑婆山旅游区游客集散中心建设	旅游	1.00
	148	南宁市第二福利院	养老	3.99
	149	南宁市武鸣县光荣院福利院搬迁扩建	养老	2.88
	150	贺州市八步区人民医院	医疗	5.92
	151	广西区环境物联网	市政	2.09
	152	南宁市竹排江上游植物园段（那考河）流域治理	水务	10.00
海南	153	乐东黎族自治县中医工程建设	医疗	4.07
	154	澄迈县神州生物燃气（压缩提纯沼气）示范项目	市政	1.88
	155	海口市餐厨垃圾无害化处理工程	市政	1.15
	156	海口市环卫综合一体化	市政	2.00
	157	三亚市建筑垃圾综合处置厂	市政	1.42
	158	三亚市生活垃圾焚烧发电厂一期工程	市政	4.29
	159	海口市南渡江引水工程	水务	32.23
	160	海南省临高县供水一体化	水务	8.78
	161	乐东县千家自来水供水工程	水务	0.86
重庆	162	曾家岩嘉陵江大桥	交通	32.78
四川	163	珙县第一高级中学校学生食堂和学生宿舍	教育	0.32
	164	内江市四川健康职业学院建设	教育	4.79
	165	广安洁净水行动综合治理	水务	29.51
	166	成都市天府新区第一污水处理厂及成都科学城生态水环境综合整治	水务	26.00
贵州	167	铜仁市大龙开发区停车场、汽车站	交通	7.99
	168	铜仁市德江县人民医院城北新区（一期）	医疗	8.57
	169	铜仁市大龙经济开发区综合管廊	市政	15.00
	170	六盘水市综合管廊	市政	29.94
	171	贵阳市高雁、比例坝生活垃圾填埋场技改升级	市政	10.71
	172	六盘水市（德坞）西客站	市政	5.58
	173	铜仁客运北站	市政	2.03
	174	贵阳市乌当区柏枝田水库工程	水务	1.08

续表

省市	序号	项目	领域	总投资（亿元）
贵州	175	贵安新区污水处理厂网一体化	水务	8.55
	176	贵州省桐梓县13个污水处理	水务	1.04
云南	177	普洱市景东至文东段高速公路建设	交通	31.03
	178	红河州滇南中心城市群现代有轨电车示范线	交通	69.64
	179	昆明轨道交通4号线工程	交通	266.44
	180	昆明轨道交通5号线工程	交通	193.40
	181	昆明市昆武高速入城段地面工程	交通	6.04
	182	红河水乡旅游建设项目（一期）-湿地工程及配套基础设施	旅游	5.40
	183	建水古城传统风貌保护恢复暨景区建设	旅游	32.50
	184	澄江化石地博物馆建设	文化	5.75
	185	石屏县非物质文化遗产传承馆	文化	1.20
	186	泸西县中医医院整体迁、扩建	医疗	3.50
	187	弥勒市中医医院迁建	医疗	4.34
	188	玉溪市儿童医院建设	医疗	5.62
	189	亚行贷款楚雄州城市基础设施建设	市政	24.77
	190	大理市洱海环湖截污工程	水务	34.68
	191	红河州建水县"一水两污"示范项目	水务	11.29
	192	红河州弥勒市"一水两污"示范项目	水务	9.28
	193	普洱市中心城区河道环境综合整治工程	水务	13.82
	194	红河州蒙开个地区河库连通工程	水务	13.61
陕西	195	安康机场迁建	交通	23.40
	196	铜川市汽车客运综合总站	交通	1.72
	197	西安市未央区徐家湾地区综合改造	市政	167.22
	198	铜川市耀州区"美丽乡村"气化工程	市政	1.64
	199	铜川市南市区集中供热	市政	6.75
甘肃	200	兰州市城市轨道交通2号线一期工程	交通	90.93
	201	兰州新建铁路朱家窑至中川线及配套工程	交通	18.60
	202	白银市地下综合管廊试点	市政	22.38
	203	陇南市G316线长乐至同仁公路两当县杨店（甘陕界）至徽县公路建设	交通	73.20
青海	204	海东市乐都区污水处理厂	水务	1.40
宁夏	205	银川市宁东基地水资源综合利用	水务	11.77
新疆	206	乌鲁木齐市甘泉堡开发区固废综合处置静脉产业园	市政	10.02

二、详解PPP各种模式

PPP是英文Public-Private-Partnership的简称,即公私合作模式,从各国和国际组织对PPP的理解来看,PPP有广义和狭义之分。

广义PPP是政府与私人组织之间为合作建设城市基础设施或为提供某种公共物品和服务,以特许权协议为基础,彼此之间形成的一种伙伴式的合作关系。而狭义的PPP可以理解为一系列项目融资模式的总称,包含BOT、TOT、BOO等多种模式。

不同形式的PPP在产权、建设、融资、规模和运营等方面都具有明显的不同特征,政府部门和社会资本的权利义务关系也差异很大。

（一）PPP 的起源及发展现状

社会资本参与提供公共产品或服务已经有很长历史，不过在我国"PPP"这一术语近几年才逐渐成为热词。

追溯历史，PPP 模式的雏形最早起源于 17 世纪的英国，距今已有三百多年的历史。英国是现代 PPP 模式的鼻祖，也是 PPP 模式最为发达的国家之一。

20 世纪 90 年代初，英国政府推出的私人主动融资 PFI（Private Finance Initiative）模式，标志现代 PPP 模式的诞生，主要解决英国当时的城市公共管理的效率问题，英国利用这种模式不仅建设和运营地铁、桥梁、机场、电厂、水厂、污水与垃圾处理等，甚至利用这种模式建设和管理医院和监狱。1990 年，英国完成国有公用事业私有化改革后，私人资本起到缓解政府财政压力、提高行业效率的作用。1992～1997 年，英国 PFI 项目总额约 70 亿英镑。1997 年，英国颁布实施《国家卫生服务法案》，使医院成为可与民间机构签订 PFI 协议的合格主体，同年，英国《地方政府契约法案》公布实施，地方政府获得与民间机构签订 PFI 协议的法定资格。

英国政府建立了完整的法律、政策、实施和监督框架，迅速积累了大量案例经验和研究成果。其重大举措包括，1996～2000 年出台 PFI 技术准则；2003 年出台《PFI 合同标准（第三版）》；2004 年 8 月出台《物超所值（Value For Money）评估指导》；2007 年出台《PFI 合同标准（第四版）》。近年来，英国在教育、卫生、环保、交通等诸多领域大力推广 PPP 融资模式，建立起了一套完善的管理和评价制度。

在 PPP 管理制度方面，英国形成由财政部负责制定政策、合营机关提供私营机构的知识和资源、公私合营机构合作署（由地方政府拨款成立的机构）向由地方政府协会委任的董事局问责，并为发展公私营机构合作的地方机关提供支持的三级管理机构。三级管理机构共同负责 PPP 模式运作。

作为践行 PPP 模式的世界先行者，英国的 PPP 项目不断向新的领域拓展：当大多数国家将 PPP 定位于基础设施建设领域时，英国已将触角向公共服务领域延伸。数据显示，1987年~2012年，英国一共批准PPP项目730个，运营金额540亿英镑。2005年以后，无论从项目投资和数量上看，英国在教育、卫生领域的PPP项目占比均超过50%。

除英国外，其他欧美发达国家以及亚洲的日本也在不断探索、完善PPP模式发展体系和操作经验。

20世纪90年代，欧美、日本等地对PPP模式进行了成功的探索和实践，在交通运输、能源、环境、养老和卫生等领域实践了许多成功案例，对所在国经济社会发展产生了巨大推动作用，无论是在完善PPP模式本身方面，还是对其他正在实践PPP的国家示范方面，都发挥了极为重要的作用。总的来说，欧美、日本等发达国家的PPP模式发展已经非常成熟。经过欧美、日本等发达国家的多年探索，PPP模式在资金、技术、风险共担以及推动经济发展等方面优势越发凸显。如澳大利亚在20世纪80年代开始在基础设施领域应用PPP模式。2000年以来，澳大利亚政府修订和制定了与PPP相关的法律，PPP项目得到快速推广。美国在PPP发展方面也积累了丰富的经验，美国最著名的四大职业联赛俱乐部（MLB、NBA、NFL、NHL）所拥有的82个体育场馆的31%都是用PPP模式兴建的。PPP模式被引入日本后，越来越受到日本政府的重视。PPP在日本虽然起步较晚，但发展迅速，成为日本基础设施建设的重要力量。

从全球发展情况来看，依据全球PPP研究机构PWF的统计，1985~2011年，全球基础设施PPP名义价值为7751亿美元，其中欧洲大约占45.6%，远超世界其他国家和地区，几乎占据全球半壁江山。亚洲和澳大利亚占24.2%，墨西哥、拉丁美洲和加勒比海地区三者合计占11.4%，美国和加拿大分别占8.8%、5.8%，非洲和中东地区占4.1%。

对比其他发展中国家，当下我国PPP发展水平仍处于起步阶段。根据世界银行数据，截至2013年，中国PPP累计规模约为1278亿美元，而巴西和印度的该数值分别为2707亿美元和3274亿美元。无论是从绝对规模还是相对规模来看，我国PPP发展水平与同类型发展中国家相比，均有较大差距。

（二）PPP 概念解读

关于 PPP 的概念，目前世界上对其理解各异解释颇多，无论是外延还是内含上都有一定的区别。从众多资料来看，世界各国、各地区或国际组织对 PPP 的解释和分类有十几种之多，以下是几种有代表性的解释：

1. 世界各国、各地区或国际组织对 PPP 的解释

英国财政部把 PPP 定义为"两个或者更多部门之间的协议确保他们共同或一致的目标合作完成公共服务工程和他们之间有一定程度的共享权利和责任，联合投资资本，共担风险和利益。"

德国联邦交通、建设及房地产部将 PPP 定义为"长期的、基于合同管理下的公共部门和私营部门的合作以结合各方必要的资源（如专门知识、经营基金、资金、人力资源）和根据项目各方风险管理能力合理分担项目存在的风险，从而有效地满足公共服务需要。"

美国 PPP 国家委员会认为 PPP 是"介于外包和私有化之间并结合了两者特点的一种公共产品提供方式，它充分利用私人资源进行设计、建设、投资、经营和维护公共基础设施，并提供相关服务以满足公共需求"。

中国香港效率促进组将 PPP 定义为"一种由双方共同提供公共服务或实施项目的安排。在这种安排下，双方通过不同程度的参与和承担，各自发挥专长，包括特许经营、私营部门投资、合伙投资、合伙经营、组成合伙公司等几种方式。"

世界银行认为，PPP 是私营部门和政府机构间就提供公共资产和公共服务签订的长期合同，而私人部门须承担重大风险和管理责任。

联合国培训研究院认为，"PPP 涵盖了不同社会系统倡导者之间的所有制度化合作方式，目的是解决当地或区域内的某些复杂问题。PPP 包含两层含义，其一是为满足公共产品需要而建立的公共和私人倡导者之间的各种合作关系，其二是为满足公共产品需要，公共部门和私人部门建立伙伴关系进行的大型

公共项目的实施。"

欧盟委员会称,"PPP是指公共部门和私人部门之间的一种合作关系,其目的是为了提供传统上由公共部门提供的公共项目或服务。"

亚洲开发银行认为,"PPP是在基础设施和其他服务方面,公共部门和私营部门的一系列的合作关系,其特征有:政府授权、规制和监管,私营企业出资、经营提供服务,公私长期合作、共担风险、提高效率和服务水平。"

虽然世界上不同国家、地区和国际组织对PPP存在不同的解释,但表述大同小异,关键的中心意思是一致的,即"公共部门与私人部门的合作,为公共部门提供公共项目或服务,满足公共需求""风险共担和利益共享"。从各国、各地区和国际组织对PPP的理解看,PPP有广义和狭义之分。广义的PPP是政府与私人组织之间为合作建设城市基础设施或为提供某种公共物品和服务,以特许权协议为基础,彼此之间形成的一种伙伴式的合作关系。而狭义的PPP可以理解为一系列项目融资模式的总称,包含BOT、TOT、ROT、BOO等多种模式。

2. 我国对PPP的定义

我国早期的PPP模式主要参与者为外资、央企或者国企,近几年民企才陆续参与其中。我国通常将PPP译成"政企合作(合营)的伙伴关系"。

在我国,关于PPP的定义有来自中央层面的解释。2014年9月23日,国家财政部发布《关于推广运用政府和社会资本合作模式有关问题的通知》(简称《通知》),《通知》明确政府和社会资本合作模式是在基础设施及公共服务领域建立的一种长期合作关系。通常模式是由社会资本承担设计、建设、运营、维护基础设施的大部分工作,并通过"使用者付费"及必要的"政府付费"获得合理投资回报;政府部门负责基础设施及公共服务价格和质量监管,以保证公共利益最大化。

3. 我国对PPP定义与解释的核心要素

结合世界各国、各地区和国际组织对PPP的定义和解释,我国对PPP的定义与解释可以说与前者一脉相承的。我国对PPP的定义与解释内含丰富,定位精确,可操作性强,有以下几个核心要素:

（1）明确 PPP 合作的主体是政府和社会资本。其中，社会资本既包括央企、国企，也包括外资企业，还包括近年来我国广泛倡导引进的民间资本以及混合所有制企业。

（2）明确 PPP 模式合作领域为基础设施及公共服务这两大领域，而这两大领域正是当下我国急需通过发挥各类社会资本的力量大力进行建设的，也是拉动我国经济增长的重要领域。

（3）明确政府和社会资本各自的"义务"，即政府负责基础设施及公共服务价格和质量监管，保证公共利益最大化，而社会资本的工作重点集中在项目的设计、建设、投资、融资、运营和维护上。正是这种科学的安排，既充分发挥政府在战略规划、质量监督上的优势，又充分发挥社会资本在技术、资本、管理上的优势。正是这种科学的安排，让 PPP 参与主体共同促进项目的落地。

4. 我国 PPP 的主要模式

研究发现，目前在我国 PPP 模式主要有 BOT、TOT、ROT、BOO 等，呈现百花齐放的态势。2014 年 11 月 29 日，财政部《关于印发政府和社会资本合作模式操作指南（试行）的通知》（财金 [2014]113 号）中指出"项目运作方式主要包括委托运营、管理合同、建设—运营—移交（BOT）、建设—拥有—运营（BOO）、转让—运营—移交（TOT）和改建—运营—移交（ROT）等。"2014 年 12 月 4 日，国家发改委《关于开展政府和社会资本合作的指导意见》（发改投资 [2014]2724 号）中指出"经营性项目可以通过政府授予经营权，采用 BOT、BOOT 等模式推进；准经营性项目可通过政府授予特许经营权附加部分补贴或直接投资参股等措施，采用 BOT、BOO 等模式推进；非经营性项目可通过政府购买服务，采用 BOO、委托运营等市场化模式推进。"

(三) PPP 模式以 BOT 为主

目前国内应用最多的 PPP 模式之一是 BOT 模式。

1. BOT 的解释及流程

BOT（Build-Operate-Transfer，建设—经营—转让），BOT 是指政府就某个基础设施项目与社会资本签订特许经营权协议，授予社会资本承担该项目的设计、投资、融资、建设、运营和维护，在特许期限内社会资本向设施使用者收取适当费用，回收项目的投融资、建造和经营维护成本并获取合理回报，待特许期满后社会资本将该基础设施无偿移交给政府。

围绕 BOT 项目，参与者主要有政府、社会资本、银行等金融机构以及承担设计、工程建设的公司，此外，还有提供如咨询、法律、审计、资产评估等服务的有关中介机构。

通常一个 BOT 项目的操作流程如下：政府部门确立 BOT 项目—向社会招投标—社会资本投标—中标—政府与社会资本签订 BOT 合同—社会资本成立项目公司—项目融资—项目建设—项目经营管理—特许经营期结束后项目移交给政府。

（1）BOT 项目一方主体为政府。地方政府决定项目立项、在项目进行过程中对必要的环节进行监督，项目特许到期时无偿收回。

（2）BOT 项目另一方主体为社会投资者。需要说明的是，BOT 项目中与政府合作的是社会资本，但在具体对项目进行融资、建设、运营和维护上，主要有四种情况：

1）社会资本独自操作 BOT 项目。

2）社会资本单独成立 PPP 项目公司，以 PPP 项目公司的名义操作项目。

3）社会资本与其他投资者共同成立项目公司，以 PPP 项目公司的名义操作项目。

4）社会资本与政府共同成立项目公司，以 PPP 项目公司的名义操作项目。

这种情况下政府在项目公司中所占的比例一般不能超过50%。

（3）项目公司成立后，项目公司通常需要向银行等金融机构融资以完成BOT项目。我国法律规定，项目总投资的20%需项目公司以自有资金承担（部分类型的项目如产能过剩行业需要30%~40%的自有资金），项目80%左右的资金需要向银行等金融机构融资。因此，融资贷款往往是BOT项目的最大资金来源。

2. BOT 的实施过程

就整个BOT项目的实施过程而言，分为立项、招投标、谈判、履约四个阶段。

（1）立项阶段。政府根据中长期社会和经济发展计划列出新建和改建项目清单并公布。社会资本根据该清单上的项目做出方案后，向政府申请投标或表明承担该项目的意向。政府则依靠咨询机构进行各种方案的可行性研究。

（2）招投标阶段。此阶段大概需要半年左右，特殊情况下，可以根据具体情况进行议标。

（3）谈判阶段。特许经营权协议是BOT项目的核心，特许经营权协议谈判是BOT项目的关键一环。

（4）履约阶段。履约阶段即特许经营期，履约阶段主要分为项目建设阶段、经营阶段和移交阶段这三个阶段。

3. BOT 模式的优点

（1）减轻政府的财政负担，缓解财政风险，有利于解决基础设施不足与政府建设资金短缺的现状。

（2）由社会资本承担如利率和汇率风险、技术风险、市场风险等，避免或减少政府投资可能带来的各种风险。

（3）有利于提高项目的运营效益。社会资本往往具有资金丰厚、技术先进、管理经验丰富等优势，而BOT项目投资总规模动辄上亿、数十亿甚至上百亿，资金投入大，项目周期长、风险大，在这种情况下，拥有诸多优势的社会资本通过加强管理，可以控制工程造价和提高工程质量，达到节约建设和运营成本、提高项目运营效益的目的。

（4）提前满足社会与公众需求，使一些本来急需建设而政府又暂时无力投资建设的基础设施项目在社会资本的积极参与下,提前建成发挥作用。这一点尤其体现在交通运输、环境保护、养老、医疗卫生、文化、旅游等领域,通过社会资本的积极介入,可以提高公众生活质量。

(5)带动就业,刺激经济增长

由于BOT模式涉及项目的建设环节,因此,在社会资本的积极参与下,有利于与BOT项目相关的上下游行业加入项目建设、合作,从而带动劳动就业,刺激经济增长。以一个BOT智能立体停车库为例,一个项目总投资3500万元,仅涉及立体车库设备、分布式光伏、充电桩、车辆识别系统等软硬件设备的投资就高达3000多万元,可以带动九大设备系统的生产。

4. BOT在我国的发展历史

BOT是目前多国政府在建设新项目时通常采用的模式,在世界范围内广受青睐。

[案例2-1]

历史资料显示,深圳沙角某电厂是我国第一个成功兴建、第一个成功移交的BOT项目。沙角某电厂建于20世纪80年代电力严重短缺时期,由深圳能源集团有限公司与香港合和电力(中国)有限公司合作兴建。首次采用了BOT方式,合同期为10年。电厂由合和集团负责在国际金融市场融资贷款,以电厂投产后产生的现金流量来偿还融资贷款;在合作期内,由港方拥有电厂资产并单独进行管理,合作期满后港方将电厂的一切权益无偿移交。

电厂安装两台35万千瓦燃煤机组,总投资40亿港元。1985年7月1日电厂正式开工,两台机组分别于1987年4月、7月并网发电。在运营阶段,电厂引进先进的管理经验,创造了精简高效的运营模式。截至1999年7月31日,该电厂累计上网电量达462亿千瓦时,为广东省的经济发展提供了强大动力。之后,东南、华中、西南等地也出现了一批BOT项目。而随着PPP模式在我国的大力推广,一大批BOT项目应运而生。如广深珠高速公路、重庆地铁、上海延安东路隧道复线、武汉地铁、北海油田开发等。

BOT本身也是一种统称,世界银行在1994年世界发展报告中指出,BOT包含三种基本形式,即BOT、BOO和BOOT,其中BOT是最基础的形式。

BOO(Build-Own-OPerate)即"建造—拥有—经营",投资者根据政府赋予的特许经营权，建设并经营某项目，但最终不将此项目移交给政府，其目的主要是鼓励项目公司从项目全生命周期的角度合理建设和经营设施，从而提高项目产品服务的质量。

BOOT（Build–Own–Operate–Transfer），即"建造—拥有—经营—移交"指项目在建成后，政府允许在一定的期限内由项目公司拥有项目的所有权，并由项目公司对项目进行运营，在特许经营期满后将项目无偿移交给政府。BOOT与基本的BOT不同之处在于项目公司既有经营权又有所有权，但特许期一般比基本的BOT要稍长。

5. 其他PPP模式

除BOT外，还有TOT、TBT等多种PPP模式。

TOT（Transfer–Operate–Transfer，转让—经营—转让），TOT是一种政府部门通过出售现有资产以获得增量资金进行新建项目融资的一种新型融资方式。在TOT模式下，首先社会资本购买某项资产（通常为已建成）的全部或部分产权或经营权，然后对项目进行经营管理，在约定的时间内通过对项目经营收回全部投资并取得合理回报，特许期结束后将项目无偿移交给政府。TOT模式对前几年进行大量基础建设项目投资而面临巨大偿债压力的政府来说，无疑是不错的选择。目前在实际操作中TOT项目较多，主要原因是经过前几年的大投资，许多地方政府借债较大，目前已陆续到了还款期。通过TOT模式，政府可以置换大量债务，在大大缓解偿债压力的同时，还可以获得新的投资建设资金，可谓一举多得。

[案例2-2]

国内某县前几年投资5亿元建设一个引水工程，从县财政支出2亿元，从国内一家国有商业银行贷款3亿元（五年期贷款）。工程完工后，目前已到还款期，需要支付各项工程款以及银行贷款。然而，近几年这个以矿产资源为经济支柱的县在我国经济转型、产业结构调整的大背景下，GDP增长缓慢，财政收入下滑严重，政府财政压力很大。此后，该县政府与社会资本合作，通过TOT模式的方式将引水工程成功置换5亿元，既偿还了银行的3亿元贷款，剩下2亿元又可以进行新的投资，达到缓解政府财政压力和债务风险、拉动地方经济增长的目的。

二、详解 PPP 各种模式

实践中还有少量的 TBT（Transfer—Build—Transfer，转让—建设—转让）模式运作。TBT 就是将 TOT 与 BOT 融资方式组合起来，以 BOT 为主的一种融资模式。在 TBT 模式中，TOT 的实施是辅助性的，采用它主要是为了促成 BOT。

研究发现，由于我国 PPP 模式尚处于起步阶段，无论是政府、社会资本还是业界人士，对各种 PPP 模式还存在认识上的分歧，对 PPP 的理解也不尽相同。因此，对 PPP 模式的各种形式进行区别、分析，科学理解各种模式之间的优缺点、异同点，将避免政府与社会资本合作过程中引发争议，减少不必要的麻烦，节约时间成本和经济成本，形成示范效应，从而有利于 PPP 模式在我国的快速推进和健康发展。

近年来，我国涌现了一批 PPP 项目成功案例。

[案例 2-3]

2014 年 12 月，山东宝莫生物化工股份有限公司发布关于中石化胜利油田新春采油厂含油污水资源化处理站（BOO 模式）中标的提示性公告，项目采用 BOO 模式运作，预计总投资 1.5 亿元。公告称，该项目有利于推动公司产业升级和业务转型，有利于公司形成技术竞争优势，带动行业技术进步，有利于公司进一步提升市场竞争力和盈利能力。

[案例 2-4]

2014 年 9 月，中材节能股份有限公司通过《关于以 BOOT 模式投资新疆天山水泥股份有限公司所属吐鲁番天山等 5 个子公司建设余热电站暨关联交易的议案》。项目总装机容量 36MW，预计投资总额不超过 3.06 亿元，合作期均为 10 年。而在此之前，中材节能已经签署了 14 个 BOOT 项目合同，多个项目并网发电并实现收入，电费收入逐年递增，还有助于企业和业主共同分享节能减排所带来的收益。

[案例 2-5]

位于安徽省合肥市的王小郢污水处理厂是中国第一个试水污水 TOT 模式的 PPP 项目，王小郢污水厂也开创了中国 TOT 模式的先河。公开报道显示，安徽合肥王小郢污水处理厂是安徽省第一座大型的城市污水处理厂，也是当时全国规模最大的氧化沟工艺污水处理厂。项目共分两期建设，一、二期分别于 1998 年和 2001 年建成投产，日处理能力合计为 30 万吨，建设总投资约 3.2 亿元。

[案例 2-6]

2003年合肥市政府决定采用 TOT 模式，通过国际公开招标的方式转让王小郢污水厂资产权益，实施23年的特许经营。在经过一系列磋商后，最终，柏林水务和东华工程联合体中标，其投标报价为4.8亿元。项目条件中确定的每吨水0.75元污水处理服务费单价为随后实施的一系列污水处理市场化项目确立了价格标杆，使整个行业的价格下降20%以上。在经过10年经营后，该项目资本金已基本收回，并且开始盈利。

(四)污水处理 BOT 项目典型案例

2014年9月23日,财政部发布《关于推广运用政府和社会资本合作模式有关问题的通知》,《通知》明确:政府和社会资本合作模式是在基础设施及公共服务领域建立的一种长期合作关系。财政部的首批30个PPP示范项目清单,总投资规模约1800亿元,项目集中在污水处理、轨道交通等领域。财政部批复的第二批206个示范项目,总投资金额6589亿元,主要集中在市政、水务、交通等领域。市政领域中,又多为垃圾焚烧发电、城市地下综合管廊、垃圾处理等项目。

目前PPP模式中,污水和垃圾发电占有相当大的比例。如案例2-7所示。

[案例2-7]

2008年,某市决定建设一座污水处理厂,工程建设规模3万 m^3/d,总投资额约5000万元。经过前期可研,政府部门确立该项目为BOT项目,于是决定向社会招投标。经过一番角逐,某污水处理厂中标。某市政府与某污水处理厂签订BOT合同,某市政府授予某污水处理厂特许经营权,合同主要内容如下:

第一章 总则

某市政府(以下简称甲方)、某污水处理厂(以下简称乙方)。

甲、乙双方经过充分协商,就某市政府城市污水处理厂项目建设运营等相关事宜达成如下合同条款:

第二章 特许经营权

1 特许经营权

1.1 特许经营权

鉴于污水处理厂由某污水处理厂承建,并出资5000万元,甲方依据建设部《市政公用事业特许经营管理办法》及某市政府的授权授予乙方特许经营权。

授予乙方的特许经营权在整个特许经营期内始终持续有效。

1.2 特许经营期

特许经营期应为26年,自污水处理厂开始运营日起计算。

2 甲方的权利和义务

2.1 甲方的权利和义务

2.1.1 授予乙方特许经营权。

2.1.2 按时向乙方支付污水处理运营费。

2.1.3 特许经营期内,协助乙方办理有关政府部门要求的各种与本项目有关的批准文件和保持批准有效。

2.1.4 乙方无偿提供特许经营年限内污水处理厂规划的50亩土地使用权给乙方(仅供污水处理项目使用)。

3 乙方的权利和义务

3.1 乙方在特许经营期内享有特许经营权。

3.1.2 在特许经营期内自行承担费用、责任和风险,负责进行项目的全部投资、融资、建设,以及项目设施的运营与维护。

3.1.3 按照规定,中水经营收入归乙方所有。

3.1.4 接受政府部门的行业监管,服从社会公共利益,履行对社会公益性事业所应尽的义务。

3.1.5 乙方应确保在特许经营期内的任何时候污水处理设施按照双方约定达标排放,如不达标造成排污罚款全部由乙方承担。

第三章 进出水指标要求

4 进水标准

根据某市政府的规划原则,污水大部分为生活污水,另有少量工业污水。重污染企业废水排放首先必须进入企业内污水处理站预处理,达到标准后方可排入市政排水管网。

为使建成后的污水处理厂运行正常,出水水质稳定、合格,甲方和当地环保部门应严格要求并监督各企业排放的工业废水,超标部分必须先经预处理,使其达到《污水综合排放标准》GB 189188—2002和《污水排入城市下水道水质标准》CJ 3082—1999中规定的允许值,再排入城市排水管网,并严禁有毒有害重金属的超标排放。

如污水处理厂的进水水质超出以上标准,乙方有权拒绝处理该污水。甲方有义务监督相关部门解决污水处理厂进水水质,否则出现影响污水站运行,出水超标的问题与乙方无关。

5　出水指标

设计出水水质,根据污水处理厂的环境影响报告和环保部门要求,按《城镇污水厂污染物排放标准》GB 198188—2002规定,对排入Ⅲ类水域的污水厂应执行一级A排放标准。在排污口安装在线监测设施,并与省、市、县环保部门联网。

第四章 项目的运营及维护

6　运营与维护

6.1　运营和维护的基本原则

在整个运营期内,乙方应根据本协议的规定,自行承担费用和风险,管理、运营和维护污水处理设施。乙方应确保在整个运营期内,始终根据下列规定运营并维护污水处理项目实施。

（1）国家和地方现行的企业运行的有关法律法规,污水处理的有关法律法规。

（2）协议中规定的质量保证、质量控制和安全生产的要求。

（3）运行维护手册以及污水处理项目内设备制造商提供的说明手册和指导。

乙方应确保污水处理项目管网及厂区所有设备始终处于良好营运状态,并能够安全稳定地处理污水和污泥,使其达到排放标准。

在特许经营期内,乙方应只对甲方收集的污水提供处理。未经甲方事先书面同意,不得接受任何第三方的污水进行处理。

6.2　甲方的主要责任

甲方应如期达到本协议规定的基本水量和进水水质,即每一个运营日内平均日污水量为2万 m^3/d 以内和控制污水进水水质在本协议中规定进水水质标准以内。

在整个特许经营期内,应督促乙方认真执行国家行业标准《城镇污水处理厂运行、维护及其安全技术规程》CJJ60及本协议规定的出水质量标准。

6.3　乙方的主要责任

从开始商业运营之日起,乙方应连续接收和处理污水（除本协议另有规定外）,将从接收点排入的进水经处理达到出水质量标准后,达标排放。

如果进水水量超过本协议规定的污水处理项目设计处理能力,乙方应及时通知甲方,同时提出拟采取的对超量污水进行处理的措施。通知发出____个工作日内甲方没有表示意见,则被视为同意乙方的措施建议。

乙方应按使用法律法规和合理的商业标准以及谨慎运行惯例认真而有效地处理其业务与事务。

乙方应对污水处理设施的状况及性能建立定期检修保养制度，对各项设施的图纸资料进行收集、归类和整理，完善公用设施信息化管理系统，保持水处理设施处于良好使用状态，并在甲方的要求下将设施运行情况报告给甲方。

乙方在日常生产经营活动中，应充分考虑环境影响，维护生态环境。

乙方应建立完善安全生产制度和意外事故的应急机制，并按要求定期进行应急预案演练；乙方应保障生产和服务的稳定和安全，防止事故发生。如发生重大意外事故，乙方应及时通报甲方，并尽最大人力、物力进行抢救，尽快恢复生产与服务；在事故影响期间，乙方应采取各种应急措施进行补救，尽量减少事故对公众的影响。

6.4 运行及维护手册

在开始商业运营之前，乙方应编制运行及维护手册，该手册应包括生产运行、日常维护、设备检修内容、频率和频率等。

6.5 暂停服务

发生计划内暂停服务，乙方应提交下一年度维护计划，其重大维护和更新内容上报甲方。甲方应在预计的计划内暂停服务开始之前给予书面答复或批准，乙方应尽最大努力使计划内暂停服务的影响降低到最小以使设施的处理能力在计划内暂停服务期间维持不少于50%的设计处理能力。每次暂停服务不得多于＿＿＿天，如暂停运营超过20天，每超过一天扣除当天运营费的50%。

6.6 环境保护

乙方应始终遵守有关公共卫生和安全的适用法律法规及本协议的规定。不应因项目设施的建设、运营和维护而造成污水处理厂场地周围环境的污染。在项目设施的建设、运营和维护期间应采取一切合理措施来避免或尽量减少对项目设施周围建筑物和居民区的干扰。

7 污水处理运营费

7.1 污水处理运营费

合同生效，甲方在污水处理项目启动同时，按日处理单位运行费用成本，财政将全年的污水运营费用列入本年度成本。

在运营期内，运营费用实行动态管理，根据《建设项目经济评价方法与参数》有关财务内部收益率，投资回收期的要求，暂确定污水处理厂正常运行的基本费用为____元/m³。

7.2 污水处理运营费单价调整

每隔三年，根据国家物价综合指数的上涨幅度，甲、乙双方共同协商并确定运营费的上调比例。

7.3 污水处理运营费的支付

污水处理运营费按月向乙方支付。

甲方每月10日以前（非工作日除外），将上月污水运营费划拨到乙方发起成立的项目公司账号上。

本协议项下的任何费用一律以人民币支付。

7.4 污水进水水质超标

如果污水进水水质超过本协议规定的标准致使乙方不能履行其在本协议中要求的，乙方应立即通知甲方，按下列方法处理。

如果由于甲方责任造成进水水质超标，甲方应向乙方给予适当补充。

（1）如果污水处理项目有能力处理，则甲方应补偿因增加处理符合所造成的成本增加部分。

（2）如果污水处理项目没有能力处理，并持续____天，由甲乙双方共同协商处理办法，制定改造方案，经甲方同意后实施，改造费用应由甲方承担。在新的改造方案完成前，按本协议中的规定调整出水指标，并豁免由此造成乙方的出水水质超标的责任。

7.5 更改出水排放标准

因执行甲方要求改变的污水处理出水水质标准，造成运行成本的增加或资本性支出，乙方有权获得相应的赔偿。

第五章 项目设施的移交

8 特许经营期满时污水处理项目设施的移交

8.1 移交委员会

特许经营期结束____个月前，由甲乙双方各自派员组成移交委员会，具体负责和办理移交工作，甲乙双方代表人数应当相同。移交委员会主任委员由指派有关部门担任，组织必要的会议会谈并商定设施移交的详尽程序，确定移交仪式，最后将移交信息在省级报上刊登，向社会公告。

8.2 移交范围

在特许经营期结束当日即移交日,乙方应向甲方无偿移交:

(1) 乙方对污水处理项目设施的所有权利和利益,包括:

1) 污水处理项目设施的建筑物和构筑物;

2) 与污水处理项目设施使用有关的所有机械和设备;

3) 所有零备件和配件、化学药品以及其他动产;

4) 运营和维护项目设施所要求的所有技术和技术诀窍、知识产权等无形资产(包括以许可方式取得的)。

(2) 在用的各类管理章程和运营手册包括专有技术、生产档案、技术档案、文秘档案、图书资料、设计图纸、文件和其他资料,能使污水处理项目能平稳地正常地继续运营。

(3) 土地使用权及与污水处理项目场地有关的其他权利;

第8.2(1)、(2)(3)款项移交范围乙方在向甲方移交时不存在任何留置权、债权、抵押、担保物权或任何种类的其他请求权。污水处理项目场地在移交时应不存在任何环境问题和环境遗留问题(如存在上述问题乙方应承担一切责任)。

甲乙双方在办理移交工作的同时,应明确特许经营期结束后妥善安置原项目公司雇员的办法。

8.3 最后恢复性大修和性能测试

8.3.1 最后恢复性大修

(1) 在移交日之前不早于____个月,乙方应按照移交委员会商定的最后恢复性大修计划对污水处理项目设施进行大修,此大修必须于移交日____个月之前完成。

(2) 通过最后恢复性大修,乙方应确保污水处理厂关键设备的整体完好率达到____%,其他设备的整体完好率达到____%,污水处理厂厂内构筑物不存在重大破损。

8.4 保证期

乙方应在移交日后12个月的保证期内,承担全厂设备和设施质量缺陷的保修责任(因接受移交的单位使用不当造成的损坏除外),乙方在收到该通知后,应尽快进行保修。

8.5 承包商保证的转让

在移交时,乙方有义务将所有承包商、制造商和供应商的尚未期满的担保和保证在可转让的范围内分别无偿转让给甲方,并促成供应商以过去同样优惠的价格供应设备,在移交时,甲方有权选择是否接受协议延续和承担由此发生的一切责任。

8.6 移交效力

乙方在本协议项下的权利和义务随移交的完成而终止,甲方应接管污水处理项目的运营及享有污水处理项目的一切权利和义务。

8.7 风险转移

甲方承担移交日以后污水处理项目的全部或部分损失或损坏的风险。

9 保险

9.1 保险

特许经营期内,乙方按照国家规定自费购买保险。

第六章 违约赔偿

10 违约赔偿

10.1 赔偿

任何一方应有权获得因违约方违约而使该方遭受的任何损失、支出和费用的赔偿,该项赔偿由违约方支付。

第七章 解释和争议的解决

11 解释规则

11.1 修改

本协议任何修改、补充或变更只有以书面形式并由双方授权代表签字,并加盖公章方可生效并具约束力。

12 争议的解决

12.1 双方友好协商解决

若双方对本协议条款的解释(包括关于其存在、有效或终止的任何问题)产生任何争议、分歧或索赔,则应尽量通过友好协商解决该争议、分歧或索赔。

12.2 仲裁

有关本协议的所有争议将由××市仲裁委员会根据仲裁规则进行仲裁。此仲裁的最终裁决并对双方具有约束力。

本协议一式四份，甲乙双方代表法定代表人或代理人签字盖章生效，各执两份，共同遵照执行。

甲方：某市政府（印章）
法定代表人：

乙方：某污水处理厂（印章）
法定代表人：

(五) PPP 模式实操重点

推广 PPP 需要国家政策作指引，实际操作 PPP 亦需对政策有充分、深刻的理解。

据不完全统计，2013 年至今，国务院及部委层面共下发有关 PPP 的指导意见或通知已达 60 多个，特别是 2014 年底以来显著加速。国家发布的 PPP 政策文件的内容越来越具体，可操作性越来越强。

2014 年 11 月 29 日，财政部发布《关于印发政府和社会资本合作模式操作指南（试行）的通知》（财金 [2014]113 号），《通知》对项目识别、准备、采购、执行、移交等各环节操作流程进行了详细说明，"投资规模较大、需求长期稳定、价格调整机制灵活、市场化程度较高的基础设施及公共服务类项目，适宜采用政府和社会资本合作模式。"

2014 年 12 月 4 日，国家发改委发布《关于开展政府和社会资本合作的指导意见》（发改投资 [2014]2724 号），界定了 PPP 项目的规范管理过程，即项目储备、项目遴选、伙伴选择、合同管理、绩效评价、退出机制，"PPP 模式主要适用于政府负有提供责任又适宜市场化运作的公共服务、基础设施类项目。燃气、供电、供水、供热、污水及垃圾处理等市政设施，公路、铁路、机场、城市轨道交通等交通设施，医疗、旅游、教育培训、健康养老等公共服务项目，以及水利、资源环境和生态保护等项目均可推行 PPP 模式。各地的新建市政工程以及新型城镇化试点项目，应优先考虑采用 PPP 模式建设。"

《关于开展政府和社会资本合作的指导意见》界定了三种项目的操作模式选择：第一种是经营性项目。对于具有明确的收费基础，并且经营收费能够完全覆盖投资成本的项目，可通过政府授予特许经营权，采用建设—运营—移交（BOT）、建设—拥有—运营—移交（BOOT）等模式推进。第二种是准经营性项目。对于经营收费不足以覆盖投资成本、需政府补贴部分资金或资源的项目，可通过政府授予特许经营权附加部分补贴或直接投资参股等措施，采用建设—运营—移交（BOT）、建设—拥有—运营（BOO）等模式推进。第三种是非经营性项目。对于缺乏"使用者付费"基础、主要依靠"政府付费"回收投资成本的项目，可通过政府购买服务，采用建设-拥有-运营（BOO）、委托运营等市场化模式推进。

2015年2月2日，财政部发布《关于市政公用领域开展政府和社会资本合作项目推介工作的通知》（财建[2015]29号），对PPP操作流程进行了规范，推介项目在项目发起、物有所值评价、财政承受能力验证、合作伙伴选择、收益补偿机制确立、项目公司组建、合作协议签署、绩效评价等操作过程中，应根据财政部关于PPP工作的统一指导规范推进，地方财政部门会同住房城乡建设（市政公用）部门抓紧研究制订符合当地实际情况的操作办法，实现规范化管理。

总的来说，从PPP操作模式和流程来看，财政部和国家发改委都从不同角度进行了明确的界定，对政府和社会资本而言，仔细研究文件精神，将有助于推广PPP和抓住PPP项目大好机遇。

PPP模式的实操主要有以下几个关键要素：

（1）项目准备阶段的主要工作

根据规定，PPP项目准备阶段主要工作包括：政府管理架构组建、实施方案编制和实施方案审核等。在管理架构组建方面，县级以上（包括县级）政府要成立PPP工作领导小组，由主管领导负责，建立跨部门（财政、发改、住建、城管、水务等）协调机制，明确牵头部门和各部门的职责和权限，确保分工协作。同时要指定项目实施机构（通常是项目主管部门，如供水项目、污水处理项目通常由水务部门负责，公路建设通常由交通部门负责，停车场建设通常由住建部门负责），主要是负责项目识别、准备、采购、执行和移交等全生命周期管理。而在实施方案方面，主要包括合作范围及期限、运作方式、风险分配框架、交易结构、合同体系、监管架构、采购方式等。

（2）合同中的关键条款

PPP合同是约束政府和社会资本之间权利义务关系的法律文本。PPP模式的建设和运营期长达三十年，因此科学、合理、公平的合同对政府和社会资本而言都具有相当重要的意义。

与其他商业模式不同，PPP合同是一个综合的法律体系（本书第五章将专门论述）。大体而言，PPP项目的合同主要包括十几个部分，分别为：总则部分（具体包括合同相关术语的定义和解释、合同签订的背景和目的、声明和保证、合同生效条件、合同体系构成等）、合同主体（合同参与各方，包括政府、社会资本）、项目合同各主体资格、各主体的主要权利和义务。PPP合同还包括项目合作内容、合同期限、排他性约定及合作的履约保证、风险分配等。此外，合同关键内容还有项目前期工作、收入和回报、工程建设、运营和服务、项目移交、不可抗力和法律变更、项目应急处置、临时接管和提前终止、违约处理、合同解除以及争议解决等。

（3）项目移交

项目移交指在特许经营期限结束或者PPP项目合同提前终止后，PPP项目公司（有的PPP项目不设项目公司，项目直接由投资者本身全权负责）将全部项目设施及相关权益以合同约定的条件和程序移交给政府或者政府指定的其他机构。

项目移交一般包括移交准备、性能测试、资产交割和绩效评价四个阶段。移交的内容通常包括：项目设施；项目土地使用权及项目用地相关的其他权利；与项目设施相关的设备、机器、零部件、备品备件以及其他动产；项目实施相关人员；运营维护项目设施所要求的技术和技术信息；与项目设施有关的手册、图纸、文件和资料（书面文件和电子文档）；移交项目所需的其他文件。在项目移交完成后，政府还应组织有关部门对项目的成本效益进行绩效评价并公开评价结果。评价结果可作为政府进行PPP决策的参考依据。

(六) PPP 项目的评定标准

PPP 在我国的发展速度之快显而易见。不过研究发现，部分地方政府为了快速推进 PPP，采取固定回报、保底承诺、回购安排等方式，甚至将一些只有建设环节没有运营和维护环节的项目包装成 PPP 项目，这些行为都有违国家大力推广 PPP 模式的初衷。

综合业内专业人士实践经验，梳理我国 PPP 相关文件规定，关于 PPP 项目的评定有如下标准。

1. 关于 PPP 项目的主体资格

PPP 项目主体主要是政府和社会资本。对 PPP 项目中的政府而言，政府方一般由三方组成，即授权机构、实施机构及出资代表。其中，授权机构指的是政府部门，实施机构指和社会资本签订 PPP 项目合同的政府方，只能是行政机关或事业单位。《政府购买服务管理办法（暂行）》（财综 [2014]96 号）第四条规定："政府购买服务的主体是各级行政机关和具有行政管理职能的事业单位。"《基础设施和公用事业特许经营管理办法》规定："县级以上人民政府应当授权有关部门或单位作为实施机构负责特许经营项目有关实施工作，并明确具体授权范围。"而作为 PPP 项目中的社会资本一方，主要是国企、民企、外企、混合所有制企业以及其他各类投融资主体。

2. PPP 项目适合的领域

PPP 项目只能是公益类项目，而不包括商业项目，这一点常常被社会资本所误解。2015 年 6 月 1 日由国家发改委、财政部、住建部、交通运输部、水利部和央行共同发布的《基础设施和公用事业特许经营管理办法》规定："中华人民共和国境内的能源、交通运输、水利、环境保护、市政工程等基础设施和公用事业领域的特许经营活动，适用本办法。"财政部《政府和社会资本合作模式操作指南》（财金 [2014]113 号）规定："投资规模较大、需求长期稳定、价格调整机制灵活、市场化程度较高的基础设施及公共服务类项目，适宜采用政府和社会资本合作模式。"

根据国务院办公厅转发的财政部、发改委、人民银行《关于在公共服务领域推广政府和社会资本合作模式的指导意见》(国办发 [2015]42 号),PPP 共包括能源、交通运输、水利建设、生态建设和环境保护、市政工程、片区开发、农业、林业、科技、保障性安居工程、旅游、医疗卫生、养老、教育、文化、体育、社会保障、政府基础设施和其他 19 个行业。

3. 物有所值评价和财政承受能力论证

从 2015 年上半年开始,财政部开始修订《PPP 项目物有所值指引(征求意见稿)》,且这份文件和 2015 年 4 月公布的《PPP 项目财政承受能力论证指引》一道,成为 PPP 项目准备前必须迈过的"门槛"。通过物有所值和财政承受能力评价,一方面可以控制地方政府 PPP 投资的总规模,另一方面可以促使地方择优、有重点地推行 PPP 项目。

(1)物有所值评价是国际上普遍采用的一种评价方式,属于由政府提供的公共产品和服务运用 PPP 模式的评估体系,旨在实现公共资源配置利用效率最优化。

《关于印发政府和社会资本合作模式操作指南(试行)的通知》(财金 [2014]113 号)规定:"财政部门(政府和社会资本合作中心)会同行业主管部门,从定性和定量两方面开展物有所值评价工作。定量评价工作由各地根据实际情况开展。定性评价重点关注项目采用政府和社会资本合作模式与采用政府传统采购模式相比能否增加供给、优化风险分配、提高运营效率、促进创新和公平竞争等。定量评价主要通过对政府和社会资本合作项目全生命周期内政府支出成本现值与公共部门比较值进行比较,计算项目的物有所值量值,判断政府和社会资本合作模式是否降低项目全生命周期成本。"

(2)为保证政府财政支付能力,财政部《关于进一步做好政府和社会资本合作项目示范工作的通知》(财金 [2015]57 号)规定:"示范项目所在地财政部门要认真做好示范项目物有所值定性分析和财政承受能力论证,有效控制政府支出责任,合理确定财政补助金额,每一年度全部 PPP 项目需要从预算中安排的支出责任占一般公共预算支出比例应当不超过 10%。"《通知》明确了政府支出责任占年度公共预算支出比例的上限,保证了政府财政支付的能力，确保财政资金支持到位和项目的长期安全运行。

PPP 项目财政承受能力论证，具有多方面的作用：一方面，10% 的比例杜绝了部分地方政府盲目推广 PPP 易陷入不能支付的财政风险和信用风险，同时也将政府有限的资金用在"刀刃"上，即那些政府急需发展的基础设施建设项目和公用事业建设项目上，避免了一哄而上。另一方面，财政承受能力论证让政府的财力更为可靠，这将保障了社会资本的回报，提高社会资本的积极性。总的来说，PPP 项目财政承受能力论证，无论对地方政府还是社会资本而言都是一种很好的避险制度。

4. PPP 的运营期限

有关 PPP 项目政府和社会资本合作期限问题，财政部文件规定，政府和社会资本合作期限原则上不低于 10 年，"运用 BOT、TOT、ROT 模式的政府和社会资本合作项目的合同期限一般为 20～30 年。"国家发改委文件规定，"基础设施和公用事业特许经营期限应当根据行业特点、所提供公共产品或服务需求、项目生命周期、投资回收期等综合因素确定，最长不超过 30 年。"

5. 没有运营的项目不是 PPP

目前关于运营期限低于 10 年的项目不是 PPP 有比较统一的认识，但对没有运营的项目如 BT 类项目是否是 PPP 则存在比较大的争议。对此，财政部征集第二批及第三批 PPP 示范项目的评审标准有明确规定，即合作合作期限（含建设期在内）低于 10 年，或者采用建设—移交（BT）方式实施的不作为备选项目。换句话说，真正的 PPP 有两个硬性条件：一是合作期限为 10～30 年，二是项目必须带 O（运营）。目前，PPP 运行模式主要有 BOT、BOOT、TOT、BOO、BTO 等，不带运营的 BT 等不是 PPP。详见附录 2。

6. PPP 项目的禁止性规定

目前部分地方政府在推广 PPP 项目的过程中存在固定回报、保底承诺、回购安排等情形，而这些情形仍是地方政府借债融资，扩大地方政府债务，违背了 PPP "风险共担、利益共享"的原则。财政部发文要求地方政府严禁通过保底承诺、回购安排、明股实债等方式进行变相融资，将项目包装成

PPP 项目,"政府可以在特许经营协议中就防止不必要的同类竞争性项目建设、必要合理的财政补贴、有关配套公共服务和基础设施的提供等内容作出承诺,但不得承诺固定投资回报和其他法律、行政法规禁止的事项"。财政部文件还规定,"要发挥政府集中采购降低成本的优势,确定合理的收费标准,通过政府采购平台选择一批能力较强的专业中介机构,为示范项目实施提供技术支持。严禁通过保底承诺、回购安排、明股实债等方式进行变相融资,将项目包装成 PPP 项目。"

此外,财政部示范项目评审标准明确规定采用固定回报、回购安排、明股实债等方式进行变相融资的将不被列入备选项目。详见附录 2。

三、解析PPP面临的困难

PPP模式较为复杂,并不是一种单纯的融资模式,与传统的由政府融资平台主导的建设模式和由企业运作的总承包模式完全不同,其参与主体涉及政府、社会资本、金融机构以及其他建设、制造企业,甚至还有法律、审计、评估、咨询等中介机构,流程包括设计、投资、融资、建设、运营、维护、移交等多个环节。这种新的商业模式无论是对政府的监管能力、社会资本的技术、融资和经营能力都提出了极大的挑战。

当下,PPP在我国尚处于起步阶段,仍面临诸多发展困难。

（一）PPP 项目落地难

在 PPP 推广看似光鲜的背后，却面临着"叫好不叫座"的现象。由于 PPP 存在法律法规不健全、缺乏操作规范、社会资本资金不足等问题，在实践过程中很多 PPP 项目遭遇搁浅。尽管财政部、国家发改委等国家部委都力推 PPP，各地政府也都积极行动，但 PPP 项目的实际落地情况并不乐观。PPP 热潮与较低的签约率并存，PPP 项目在我国的落地情况并不尽如人意。

财政部 PPP 中心信息显示，截至 2016 年 4 月底，PPP 入库项目的落地率[1]为 21.7%。截至 2016 的 6 月末，全部入库项目 9285 个，总投资额 10.6 万亿元，其中执行阶段项目 619 个，总投资额 1 万亿元，落地率 23.8%。更有权威专家指出，如果将大部分处于识别阶段的项目纳入计算基数，执行阶段的项目数与入库项目总量相比，实际的签约率仅为 4.8%，落地难的问题十分突出。还有业内人士分析认为，即使是已落地的 PPP 项目，也有许多是"新瓶装旧酒"，仍是传统操作方式，并不是真正的 PPP 模式。

那么，PPP 项目落地难、签约率不高的真正原因到底何在？综合各地反馈的情况，当下我国推广 PPP 面临以下主要困难：

1. PPP 主管机构权责重叠

目前我国推广 PPP 主要由财政部和国家发改委等部委负责。不过，财政部和发改委之间存在较大权责重叠，一个管项目一个管资金哪个都绕不开，而且双方在推广 PPP 的思路上有区别：财政部注重"稳"（财政部第一职责是管理国家财政资金，需严控 PPP 项目质量，避免地方政府将假 PPP 项目包装成化解地方债务的工具），而发改委注重"推"（发改委的第一职责是宏观经济管理，需要经济"稳增长"，在基础设施和公用事业领域大规模推广 PPP）。

---

[1] PPP 项目全生命周期管理包括识别、准备、采购、执行和移交 5 个阶段。项目落地率，指执行和移交两个阶段项目数之和与准备、采购、执行、移交 4 个阶段项目数总和的比值。处于识别阶段的项目没有纳入落地率计算，主要考虑在这个阶段的项目尚未完成物有所值评价和财政承受能力论证，只能作为 PPP 备选项目。

2. 观念认识存在误区

部分地方政府对 PPP 认识不够全面，存在一定的误区，将推广 PPP 当做又一次"甩包袱"，只是将其作为一种新的融资方式，认为这一种"短债变长债"的方式而已，不过是过去政府融资平台融资方式的变体，因此没有把精力放到转变体制机制、保证社会资本的合法权益上。正是对 PPP 模式的片面认识，导致在实际操作 PPP 的过程中对其重视或了解不够，操作上有所偏颇，推广效果自然不明显。

3. 部分地方包装 PPP 变相融资

在当前财政收支矛盾较为突出的情况下，一些地方通过固定回报、保底承诺、明股实债等方式进行变相融资，将部分项目包成 PPP 模式。2015 年 6 月 26 日，财政部印发《关于进一步做好政府和社会资本合作项目示范工作的通知》（财金 [2015]57 号）中明确规定：严禁通过保底承诺、回购安排、明股实债等方式进行变相融资，将项目包装成 PPP 项目。

4. 融资渠道不畅通、融资成本高

PPP 项目落地难有一个非常重要的原因，便是社会资本本身面临资金不足的问题。一是，PPP 项目投资规模大、运营期限长、回报率不高、回报周期长，社会资本往往面临着融资的问题；二是，目前包括银行在内的金融机构对支持 PPP 政策体系还不成熟，尚处于起步阶段，社会资本融资渠道不畅；三是，鉴于 PPP 项目回报率不高，相较而言社会资本融资成本往往太高，这样社会资本投资无法盈利。PPP 项目融资主要依靠银行贷款，银行对项目资本金比例要求较高并需提供抵押和担保，导致社会资本的融资成本高，影响了社会资本介入 PPP 项目的积极性。

5. 政策连续性和统一性难

政策变化、缺乏法律保障，是社会资本的最大顾虑之一。由于 PPP 项目属于长期投资，期间城市在规划、建设方面会发生诸多变化，而 PPP 政策能否与现在保持一致，城市规模方面是否会发生变化，项目是否会面临拆建问题，

投资能否收回、能否实现收益,都会在投资者心里打一个大大的问号。

事实上,我国 PPP 发展面临的最大风险之一是政策的多变性。有观点认为,过去几十年来我国处在计划经济向市场经济、传统社会向现代工商社会快速转型的过程之中,社会经济发生了深刻变革,PPP 通过一份合同把政府和社会资本双方未来二三十年的权利义务完全确定下来,将面临很大的挑战。

6. 社会资本特别是民间资本寻求难

社会资本尤其是民间资本参与 PPP 项目的积极性不高,这是当下我国推广 PPP 过程中一个突出的问题。在众多 PPP 项目中,以民营企业作为社会资本主体参与 PPP 项目并不多见。2015 年 8 月 25 日,全国工商联发布的报告显示,2014 年已通过 PPP 等方式进入公共服务及基础设施建设与运营领域的民营企业 500 强共有 58 家,占比 11.6%,有意向进入的企业有 136 家,占比 27.2%。据估计,目前在全国开展的 PPP 项目中,只有不到 5% 的"社会资本"来自名副其实的民营企业(本书第七章将有专门论述)。

7. 社会资本退出难

作为投资者,完善的退出机制是社会资本参加 PPP 项目不可或缺的重要保障。然而,部分地方政府在推广 PPP 的进程中,存在"重准入保障,轻退出安排"的现象。因此,退出机制尚未健全,社会资本担心难以回收投入,对参与 PPP 项目存在较大的顾虑。

2014 年 12 月,发改委颁布了《关于开展政府和社会资本合作的指导意见》(发改投资 [2014]2724 号),在加强政府和社会资本合作项目的规范管理部分,将退出机制作为重要的一环予以规范,并提出政府要"依托各类产权、股权交易市场,为社会资本提供多元化、规范化、市场化的退出渠道。"

8. 工作协调和操作实施过程难

PPP 操作涉及政府多个部门,需要多个部门的密切配合。然而,实践中,部分地方政府的相关部门在项目立项、规划、财务等方面,形成了固化的行业运作思路和习惯,对 PPP 模式存在着排斥心理,PPP 作为一项体制机制创新,实施时难度和阻力很大。

三、解析 PPP 面临的困难

按照财政部《关于印发政府和社会资本合作模式操作指南（试行）的通知》（财金 [2014]113 号）的要求，一个完整的 PPP 项目分为"项目识别、项目准备、项目采购、项目执行和项目移交"五大阶段，任何一个环节都不能减少。

在 PPP 项目的操作方面，部分地方政府缺乏既熟悉 PPP 政策又具有 PPP 项目操作经验的专业人员，操作能力相对不足。部分地方政府无论是在 PPP 项目洽谈过程中，还是在项目的建设、运营等实际操作方面，都亟待提高自身的水平和能力。此外，PPP 在我国还处于起步阶段，缺乏系统的操作指引，没有形成示范性的复制效应。PPP 咨询服务机构专业能力参差不齐，PPP 中介服务市场鱼龙混杂、乱象丛生。

目前，国家财政部已成立 PPP 中心，在 PPP 政策制定、宣传培训、统筹引导等方面发挥了重要作用。在地方政府层面，大部分省、市（包括地县两级）均设置了专门机构，通过学习和实践，用以指导本地的 PPP 项目的推广、落地。

（二）PPP 项目风险之忧

从全国各地公布试点的 PPP 项目来看，项目进展参差不齐，签约率并不高。当下 PPP 在推广中存在阻碍项目落地的多种风险，主要有以下风险因素：

1. 法律和政策变更风险

（1）法律风险。PPP 项目实施过程中，由于法律和政策的变化而影响项目的建设和运营被称为法律和政策风险，具体表现在由于国家颁布、修订、重新诠释法律而导致原有的 PPP 项目的合法性及合同有效性发生变化，给 PPP 项目的运营和社会资本的投资回报带来不利影响，如项目不能正常建设或运营，严重的直接导致项目终止或失败，给社会投资者带来巨大损失。

（2）政策变更风险。实践经验表明，PPP 项目失败的一个重要原因是政策的不连续性。部分地方政府在社会资本完成项目的建设并开始运营后，重新制定政策时并不考虑社会资本的利益而变更原政策，从而导致社会资本的利益无法得到保障。

2. 地方政府信用缺失风险

政府信用是社会资本方的重要关注点之一，也是目前制约我国 PPP 项目落地的核心因素之一。花费巨大的人力物力、历经多轮谈判签订的政府和社会资本合作协议能否得到严格遵守、政府承诺能否及时兑现都是社会资本参与 PPP 项目的主要顾虑。此前我国一些失败的 PPP 项目案例中，很多就是由于政府违背承诺而导致，社会资本的利益因此受到损失。

实践中，为加快当地基础设施建设，尽早引进社会资本促成项目合作，部分地方政府往往在项目合作前期对社会资本做出脱离实际的承诺，而在合作期内兑现缩水或完全不予兑现，这直接危害社会资本的利益。在国内某供水项目中，政府与合作方签订的 PPP 合同约定，政府承诺自来水公司在水厂投产的第一年每日购水量不少于 6 万 m^3，但当年该市自来水日消耗量仅为 2 万 m^3，合同难以执行。正是因为地方政府信用缺位,契约意识淡薄,社会资本顾虑重重。

此外,政府换届风险也是社会资本重点考虑的因素。由于 PPP 项目周期长,最长达 30 年,部分地方政府换届后,对 PPP 模式的态度不同,对上一届政府的政策"新官不买旧账"。这些非社会资本所能克服的风险,使得社会资本利益受损。

3. 政府决策失误风险

如上节"PPP 项目落地难"所述,目前部分地方政府缺乏真正熟悉 PPP 政策和具有 PPP 项目运作经验和能力的专业人员,导致决策程序不规范、决策过程冗长甚至决策失误,大大提高了 PPP 项目的洽谈成本,也为未来社会资本的建设、运营和维护留下诸多隐患。按照财政部《关于印发政府和社会资本合作模式操作指南(试行)的通知》(财金 [2014]113 号)的要求,一个完整的 PPP 项目分为"项目识别、项目准备、项目采购、项目执行和项目移交"五大阶段,任何一个环节都不能减少。在某污水处理项目中,由于当地政府对 PPP 的理解和认识有限,在政府对市场价格不了解的情况下签订污水处理价格,导致价格较高,而政府在了解以后又重新要求谈判降低价格。这样的例子在国内不在少数。

4. 融资风险

与传统的由政府主导的基础建设运作模式不同,PPP 项目的融资主要由社会资本(或政府与社会资本共同成立的项目公司)负责。由于目前我国 PPP 发展存在融资结构不合理、金融市场不健全等现状,容易引起融资风险。通常情况下,PPP 项目大都是基建设施项目和社会公用事业项目,资金需求庞大,对一般社会资本来说完全利用自有资金不太现实,需要向银行等金融机构融资。

而按照 PPP 项目一般操作流程,政府首先进行招标,然后是社会资本投标,最后是政府与中标者草签特许权协议。如果在约定的融资期内社会资本(中标者)未能顺利完成融资,将会被取消资格并没收投标保证金,同时也意味着社会资本前期所付出的所有成本(时间成本和资金成本)将付诸东流。不仅如此,社会资本的信誉也将受损,进一步影响社会资本在当地或同行业内开拓业务，这对社会资本而言具有很大的风险。

5. 市场收益不足风险

如果PPP项目的投资建设与项目的收益能力不匹配，或者在项目运营过程中又出现强有力的竞争者，将直接导致社会资本无法实现投资收益。以某跨海大桥为例，在某跨海大桥建设未满两年时，相隔仅五十公里左右的地方又准备开工建设一座跨海大桥，与某跨海大桥形成直接商业竞争。又如某高速公路建成之初，由于相邻的辅路不收费，致使较长一段时间高速车流量不足，出现项目收益不足的风险。

6. 公众反对风险

需要说明的是，PPP项目主要是基础设施和公用事业领域，其不仅仅涉及政府、社会资本和金融机构等各方主体，还涉及普通公众。PPP项目通常与公众生产生活息息相关，关系到普通公众的切身利益。公众反对风险主要指在PPP项目的建设、运营过程中，由于各种原因导致公众利益得不到保护或受损，从而引起公众反对，最终导致社会资本投资受损所造成的风险。公众反对PPP项目的原因主要有：一是涉及拆迁、征地，各方对补偿款有较大的争议；二是涉及环境污染，如垃圾焚烧发电项目、污水处理项目，一般都会受到当地公众的阻拦甚至反对（本书"'邻避效应'阻碍PPP落地"一节将有详细论述）。

7. 不可抗力风险

不可抗力在我国《合同法》中有明确规定。不可抗力是指不能预见、不能避免并不能克服的客观情况。也就是说，不可抗力是指合同一方无法控制，在签订合同前无法合理防范，情况发生时，又无法回避或克服的事件或情况。《合同法》第一百一十七条规定，因不可抗力不能履行合同的，根据不可抗力的影响，部分或者全部免除责任，但法律另有规定的除外。当事人迟延履行后发生不可抗力的，不能免除责任。

法律中对不可抗力的规定，具体来说包括：

（1）自然灾害。这类不可抗力事件是由自然原因引起的，如水灾、旱灾、火灾、风灾、地震等。

（2）社会事件。关于社会事件是否成为不可抗力事件，现在仍有很大争议，各国立法也不一致。我国法律原则认为社会事件可以构成不可抗力，但构成不可抗力的社会事件的范围，却很难达成一致意见。在实践中，主要是由当事人在合同中自己约定哪些社会事件为不可抗力事件，以便解决争议。

[案例2-8]

以一例智能立体停车库PPP项目为例。关于"不可抗力"，合同约定：

（1）本合同自双方（甲方为政府、乙方为社会资本）法定代表人或授权代表人签字并加盖公章之日起生效，特许经营期限为26年（包括1年建设期），即自2016年__月__日起至2042年__月__日止。如果出现下述情况影响到本合同的执行，有关的建设进度日期应相应延长，同时甲方应选择支付补偿金或相应延长特许经营期：

1）不可抗力事件；

2）因甲方违约而造成延误；

3）因法律变更、标准提升导致乙方的资本性支出增加。

（2）不可抗力原因未能按期运营后果：

因不可抗力或双方约定由双方共同承担风险的原因导致项目无法按期开始运营的，受到该原因影响的一方或双方均可以免除违约责任，并根据影响期间申请延迟开始运营日并延长相应的特许经营期。

（3）计划外维修

若发生意外事故或其他紧急情况，需要进行维护方案之外的维护或修复工作，乙方应立即通知甲方，解释其原因，尽最大努力在最短时间内完成修复工作。对于计划外的维护事项，按以下约定处理：

1）如乙方原因造成，则由乙方承担责任；

2）如甲方原因造成，则乙方有权要求甲方支付因此造成的费用损失并延长项目运营期限；

3）如因不可抗力原因造成，乙方不承担违约责任，甲方需延长相应的项目运营期限。

(三) 政府需强化契约精神

在 PPP 业界，有一句非常有名的话，"PPP 不是一场婚礼，而是一段婚姻"。换句话说，对 PPP 模式下政府和社会资本而言，双方看中的不仅仅是达成合作意见的那场"婚礼"，更是未来长期合作的"婚姻"。

那么，作为这个"婚姻"中的重要主角之一，社会资本最为看中的是政府的契约精神和信用问题。对社会资本而言，其尤为担心的是未来地方政府换届、重大政策调整时自身权益受到损害。此前在 PPP 实践操作领域，当 PPP 项目建成后，个别地方因多方原因未履行合同义务，产生信用风险，直接危害社会资本的切身利益。

[案例 3-1]

某大桥项目是国内较早采用 BOT 方式建设收费路桥项目，20 世纪 90 年代，某市只有一座跨江大桥，政府决定再建一座跨江大桥。经过谈判引入民间资本以 BOT 模式投资建设大桥，1995 年 1 月开工并于 1996 年年底投入运营，特许经营期为 30 年。此后，当地政府又投资建设了与某大桥形成商业竞争关系的两座新桥。由于某大桥运营的头几年盈利能力大大超出政府预期，当地政府还让某大桥 PPP 项目公司耗费 1.2 亿元修了两条与项目毫无关系的两条路。由于当地市民对于某大桥取消收费的呼声很高，民间资本于是放弃剩余的运营。

[案例 3-2]

公开资料显示，在廉江中法供水厂项目中，双方签订的《合作经营廉江中法供水有限公司合同》，履行合同期为 30 年。合同有几个关键的不合理问题：一是水量问题。合同约定廉江自来水公司在水厂投产的第一年每日购水量不得少于 6 万 m^3，且不断递增。而当年廉江市的消耗量约为 2 万 m^3，巨大的量差使得合同履行失去了现实的可能性；二是水价问题。合同规定起始水价为 1.25 元人民币，水价随物价指数、银行汇率的提高而递增。而廉江市每立方米水均价为 1.20 元，此价格自 1999 年 5 月 1 日起执行一直未变。脱离实际的合同使得廉江市政府和自来水公司不可能履行合同义务，该水厂被迫闲置。

重诺履约是顺利开展 PPP 的前提和保障，如果地方政府没有足够的支付能力作为 PPP 项目的支撑，就无法兑现与社会资本签订的 PPP 合同，长此以往就会阻碍 PPP 模式在我国的大力推广，地方政府形象受损的同时，社会资本投资受损，提高公共服务的期望也会成为泡影。

研究认为，正是因为目前在法律层面对政府信用没有足够的约束力，导致部分地方政府信用缺失，损害了社会资本的利益，影响了社会资本的积极性，从而阻碍了 PPP 在我国的推广。因此，未来需要加强政府的契约精神、契约意识和履约能力。更为重要的，是建立一种科学的中长期预算机制，如果国家推出扣款机制，将极大约束地方政府违约行为，降低地方政府违约风险，促进地方政府规范运作 PPP 项目。同时有了科学的中长期预算机制的保障，也会增强社会资本介入 PPP 的信心，这对政府和社会资本而言都是一件好事。

(四)"邻避效应"阻碍 PPP 落地

财政部 2014 年 11 月发布的《政府和社会资本合作模式操作指南(试行)》(财金 [2014]113 号)规定,PPP 模式可以广泛应用到市政行业的城市供水、供暖、供气、污水和垃圾处理、地下综合管廊和轨道交通等领域。实践发现,当下以 PPP 模式操作的基础设施和社会公共事业项目,主要是垃圾处理、污水处理、轨道交通等行业。

按常理,政府借助社会资本的力量从事基础设施和社会公共服务事业,可以让公众提前享受到优质的公共服务,并提高公众的生产生活水平,公众为什么会反对呢?

深入研究发现,公众并非对所有的 PPP 项目都拒之门外,其反对的 PPP 项目主要涉及环境污染问题,公众认为一些项目的建设会给当地的环境造成不良影响。比如某地要建垃圾焚烧发电厂、污水处理厂,一般都会受到当地公众的阻拦甚至反对,这便是所谓的"邻避效应"❶。

[案例 3-3]

2012 年,某环境保护公司与南方某省会城市政府协商后决定以 PPP 模式在当地建一座垃圾焚烧发电厂。然而消息刚一公布,就引发当地公众的集体抗议。当地公众认为垃圾焚烧会造成环境污染,影响他们的身体健康,同时对自己的房屋等资产价值带来负面影响,于是聚集在项目所在地,封堵当地省道和高速公路,一度造成交通中断,甚至还有人趁机打砸准备进场施工的车辆。

华中某市城区面积近 70km²,人口近 50 万人,日产生活垃圾近 500t,城乡每日平均产生各类生活垃圾 750t,全部为卫生填埋方式处理,该市仅有一座规范的生活垃圾填埋场,日处理量仅为 500t,已严重超负荷运行,剩余库

---

❶ 邻避效应(Not-In-My-Back-Yard,译为"邻避",意为"不要建在我家后院")指居民因担心建设项目对自己的身体健康、环境质量和资产价值等带来诸多负面影响,从而激发嫌恶情结,滋生"不要建在我家后院"的心理及采取强烈甚至高度情绪化的集体反对、抗争行为。

三、解析 PPP 面临的困难

容仅可坚持三年。为此，该市政府准备以 BOT 模式建设一座垃圾焚烧 BOT 项目，项目概算总投资约 2.6 亿元，占地 120 亩。项目于 2013 年 4 月获得该省环境保护厅核发的环境影响报告书批复，且已经开工建设两年，原本预计于 2016 年底点火试烧。

但从 2016 年 6 月 25 日开始，华中某市部分群众就开始集体抵制市生活垃圾焚烧发电站项目工程，事件引发广泛关注。由于当地群众抵制，该市人民政府连发消息，先是"紧急"暂缓建设生活垃圾焚烧发电项目后，随后将"暂缓建设"改为"停止"。2016 年 6 月，这例垃圾焚烧 BOT 项目被华中某市政府宣布停止。

2013 年，全国城市生活垃圾清运量 1.73 亿 t，可堆出 500 多座百层高楼，垃圾焚烧成为垃圾处理的重要选择。目前，国内的国企、民企、外资等多类社会资本投资主体都积极活跃于这个产业，垃圾处理 PPP 项目前景广阔。

此外，污水处理也是"邻避效应"常出现的一个重要领域。

[案例 3-4]

以华北某地的污水处理 PPP 项目为例：项目准备建设时，当地群众集体反对，认为污水处理对当地生活环境有危害。在政府、专家多次组织会议宣讲污水处理厂有科学的环保措施并有利于提高当地群众的生产生活水平后群众方才认可。

思想工作做通了，但在征地补偿问题上，社会资本的出价与当地群众的要价相差过于悬殊。举一个小例子，在项目所在地，有一棵长了几年的普通树，市场价值不过几百元，因为涉及项目建设，需要将此树挪走。但在挪树的过程中，树的主人要价数千元，最后为这件小事双方进行了很长时间的磋商和谈判。后来在政府的多方协调下，经过多轮拉锯战协商后，项目才勉强征得所需土地。从给群众做思想工作到完成征地，过程前前后后持续了大半年的时间，耗费了社会资本大量的人力物力。

总之，涉及垃圾焚烧、污水处理等领域的 PPP 项目，事无巨细都得认真对待，任何一些细节性的问题没处理好，都可能给 PPP 项目的建设和运营带来意想不到的麻烦，给社会资本带来很大的损失。

四、防范PPP风险

PPP模式对化解政府债务风险、缓解政府财政压力、提高项目运营效率、拉动经济增长、提高社会公众生活质量等多方面无疑起到了巨大的作用。

然而，由于PPP在我国还处于起步阶段，存在着PPP法律法规体系不健全、专业人才匮乏、政府和社会资本普遍缺乏经验、可复制可示范的案例不多等不足，PPP热潮背后存在着各种现实的风险。而PPP项目落地难是一个显然的事实，这也从另一个侧面反映了当下亟待解决PPP项目风险问题。

（一）如何防范 PPP 各类风险

大力推广 PPP 模式可以起到了化解政府债务风险、缓解政府财政压力、提高项目运营效率、拉动经济增长以及提高社会公众生活质量等多方面的作用。不过，我国 PPP 处于起步阶段，还存在着 PPP 法律法规体系不健全、专业人才匮乏、典型可复制性的案例不多等诸多不足，各种不确定性的风险也较大。因此，为防范 PPP 的风险，从成功项目中找经验，从失败项目中找教训，对我国未来的 PPP 实践有着重要的指导价值和借鉴意义。PPP 项目的风险管理与防范重要而复杂。

1. 法律政策变更风险防范

法律政策变更主要是指由于颁布、修订、重新诠释法律或规定而导致 PPP 项目的合法性、市场需求、产品或服务收费等重要因素发生变化，从而对项目的正常建设和运营带来损害。实践中对于法律政策变更对 PPP 项目带来的风险，采取的救济措施主要是政府与社会资本通过特许经营协议作出明确约定，比如调整价格、现金补偿、延长特许经营期限、提前终止等。

2. 政府信用风险防范

政府信用风险是指政府不履行或拒绝履行合同约定的责任和义务而给项目带来直接或间接的危害。政府信用风险是 PPP 项目各类风险中出现频率较高的一类风险因素，是一种结果性风险。

（1）PPP 项目多是社会公益类项目，与国计民生密切相关（如垃圾处理造成的环境污染、污水处理收费等敏感问题），项目如果触动公众利益，会导致公众反对，政府迫于压力便无法兑现原有承诺，这样便产生政府信用风险。

（2）在 PPP 大力推广的背景下，部分地方政府在短期利益驱使下做出与地方经济实力和长远利益不相符的决策，如遇政府换届，项目可能面临信用风险。

3. 融资风险防范

融资风险是指融资结构不合理、金融市场不健全等因素引起的风险，最主要的表现形式是融资渠道不畅和融资成本过高。传统操作模式下项目的融资由政府融资平台负责，但在PPP模式下，融资的责任和风险完全由社会资本承担。因此，对是否介入一个PPP项目，社会资本应该有充分的考查和评估，必须要有充足的资金（包括自有资金和向金融机构融资）作为保障，以满足项目的建设、运营和维护。否则，社会资本一旦陷入资金泥潭，自身会受到很大的损失。

4. 收益不足风险防范

收益不足风险是指PPP项目运营后社会资本的收益不能满足收回投资或达到预定的收益。PPP项目经营涉及的因素较多，收益不足的风险较大。如由于电力体制改革和市场需求变化，某发电项目的电价收费从项目之初的0.41元/kW·h变更到了0.32元/kW·h，使项目公司的收益受到严重威胁。

PPP项目的收费条款主要包括项目收费对象、收费模式、计价及计量标准。对于完全市场化的项目，如供水项目，社会资本向项目终端用户收费以收回投资和实现收益；对于准公益性的项目，如污水处理项目，政府承担社会资本收益不足的补贴；对于公益性的项目，如河道治理，则由政府承担社会资本的投资收益。但无论哪种情况，社会资本都面临收益不足的风险。因此，对准公益性或者公益性的项目，社会资本需尽可能要求政府承担一定保底责任，并将政府付费列入地方政府财政预算。此外，社会资本要与政府详尽约定政府保障收费来源的措施及违约补偿机制。如果能够要求政府再提供担保公司担保或土地权利担保，则社会资本能大大降低投资风险。

需要说明的是，在与政府合作时，社会资本在定价机制和价格调整方面尤其应注意：

（1）在定价机制方面，应提供合理的收益水平。

（2）在价格调整机制方面，应降低市场因素对收益的影响。PPP项目经营周期长达二三十年，期间通货膨胀率、利率、汇率等诸多因素都在发生变化，因此公共产品或服务的价格也必须做出相应的调整，这样才能降低社会资本的风险。

总之，要消除社会资本的后顾之忧，保证社会资本的稳定收益，提高其参与 PPP 的积极性，就需要设计科学的利益平衡机制和合理的投资回报模式。

5. 公众反对风险防范

公众反对风险主要是指由于各种原因导致公众利益得不到保护或受损，从而引起公众反对项目建设和运营所造成的风险。PPP 项目多是社会公益类项目，是为了提高公众生活水平。如果遇到公众反对则与 PPP 项目建设的初衷背道而驰。因此，在公众反对的风险防范上：

（1）政府在项目（垃圾处理、污水处理等）前期进行大量宣传，做到信息公开透明，并与公众反复沟通，直至消除公众疑虑。

（2）项目在建设中，社会资本要严格遵守各项生产、环保制度，尽可能维护当地社区环境，大幅减少施工过程中产生的空气、噪声污染，以维护项目周边自然环境。

（3）项目在运营过程中，社会资本可以借鉴日本等国的先进经验，邀请项目所在地周围的公众到企业参观，了解企业的技术和工艺，介绍企业的运行情况和排污情况，与公众充分沟通，让公众对企业的生产和排污情况全面、充分了解，打消公众的疑虑，这样才能与公众做到友好相处。

6. 不可抗力风险防范

不可抗力风险是指合同当事人在签订合同前无法预料，情况发生时又无法回避并不能克服，如自然灾害或事故、战争。社会资本在与政府签订特许经营协议时，应明确不可抗力的定义和范围，以及不可抗力的处理程序，这对地方政府和社会资本而言都比较公平。

以下是一个 PPP 项目合同中关于"不可抗力"的约定。

[案例 4-1]

一、不可抗力是指在签订本协议时不能合理预见的、不能克服和不能避免的事件或情形。以满足上述条件为前提，不可抗力包括但不限于：

（1）雷电、地震、火山爆发、滑坡、水灾、暴雨、海啸、台风、龙卷风或旱灾；

（2）流行病、瘟疫爆发；

（3）战争行为、入侵、武装冲突或外敌行为、封锁或军事力量的使用，暴乱或恐怖行为；

（4）全国性、地区性、城市性或行业性罢工；

（5）由于不能归因于甲乙方的原因引起的污水处理工程供电中断。

二、积极补救不可抗力的义务

（1）尽快向对方通告事件或情况的发生，对事件或情况的预计持续时间和其在本协议项下履行义务的可能影响作出估计；

（2）作出一切合理努力以继续履行其在本协议项下的义务；

（3）尽快采取行动纠正或补救造成免于履行义务的事件或情况；

（4）作出一切合理努力以减轻或限制对对方造成的损害；

（5）将其根据上述（2）、（3）和（4）段采取的行动或行动计划定期通告对方，并在导致它免于履行义务的事件或情况不再存在时立即通知对方。

三、不可抗力的处理程序

不可抗力事件发生后，双方应本着诚信平等的原则，立即就此等不可抗力事件进行协商。

（1）如果双方在7日内达成一致意见，继续履行在本协议项下的义务，则甲方（此处指地方政府，下同）应按照规定向乙方（此处指社会资本，下同）进行补偿。

（2）如果双方不能够在上述7日期限内达成一致意见，则任何一方可送达终止通知。

四、费用

发生不可抗力事件时，任何一方必须各自承担由于不可抗力事件造成的支出和费用。乙方因不可抗力造成的损失，应由保险获得补偿，甲方可依不可抗力造成的时间损失给予延期并相应延长特许经营期。

五、不可抗力造成的终止

如果任何不可抗力事件阻止一方履行其义务的时间自该不可抗力发生日起连续超过7个工作日，双方应协商继续履行本协议的条件和重新履行本协议的时间。如果自不可抗力发生后7个工作日之内双方不能就继续履行的条件和时间达成一致意见，并且该不可抗力事件如果不能一致解决将会对项目的顺利进行造成实质性影响时，任何一方均可以按书面通知另一方终止本协议。

总的来说，PPP 项目风险因素复杂多样，上述 7 类风险并非单独存在，这些风险之间往往具有关联性。研究显示，PPP 项目的运作涉及项目筛选和评估、招投标、建设、运营、采购、移交等阶段，仅在 PPP 项目实施过程中就可能面临工程设计风险、建设风险、融资风险、运营风险等诸多风险。

研究发现，就 PPP 项目的风险分配问题，发改委和财政部的文件是一致的。政府和社会资本 PPP 合作，一是要双赢，二是要风险共担，风险完全由政府承担或者完全由社会资本承担都不可能实现合作，即使合作也不可能持久，这与 PPP "长周期合作"是相悖的。而业界比较统一的观点是，PPP 项目强调风险承担最优化，强调"能者担其责"，即政府和社会资本根据自身的优势承担不同风险，以最优化配置各类风险：政府承担政策风险，原因在于政府部门对政策风险、法律变更的承受能力强；而社会资本承担项目的设计、投资、融资、建设、运营和维护等商业风险和市场风险，原因在于社会资本作为市场的主体，有着雄厚的资本、先进的技术和丰富的管理经验，针对市场的应变能力要比政府部门强。

（二）PPP 项目风险论证案例

PPP 项目具有投资规模大、回报周期长、风险较大等特点，因此，在作 PPP 项目调查时，社会资本会对 PPP 项目的各类风险作科学而充分的论证。严格来说，PPP 不单单是政府一方的事情，也不仅仅是社会资本一方的事情，还涉及广大社会公众的切身利益。要建立合理公平的风险分担机制，原则是应该让更有能力、更有优势的一方承担相应风险，这样才能实现整体风险的最小化，以保证项目平稳运行。

以下是两例 PPP 项目案例，社会资本在项目初期和进行中，对项目进行了较扎实的风险论证。

[案例 4-2]

某环保公司对一起水处理 PPP 项目所作的风险论证，以下是该环保公司所撰写的《商业计划书》（节选）。

某县城区水源地建设及供水项目主体工程于 2013 年＿＿月完工，项目投资 5 亿；自来水厂迁扩建工程总投资 1.5 亿，项目暂计 6.5 亿。项目实际投资以竣工结算的实际投入结合评估结果来确定。

1. 资金使用规划及进度。初步商定＿＿年＿＿月底签订合作合同，＿＿年＿＿月底之前 6.5 亿资金到位，同步进行资产的交割手续。

2. 融资规划。项目主体融资拟采用特许经营权及资产抵押贷款的方式，从政策性银行争取贷款政策，力争贷款年限在 20 年以上，贷款利率在基准利率附近，目标融资额度在 80%，即 5.2 亿左右。项目自筹资金约占 20%，拟采用产业基金、股权融资等方式筹集，总额度 1.3 亿左右。

3. 项目竞争。该项目前期政府已与一些银行、基金、环保公司接触，尤其在该项目被列为省重点推进的 32 个 PPP 项目后，大批社会资本都在与某县政府接触，项目竞争十分激烈。我公司对该项目介入较早，沟通的也比较频繁，某县政府对于我公司也比较认可，目前相对占优。

主要项目竞争对手：×集团、其他潜在对手。其中 × 集团总资产超过了

4万亿元，涉及银行、证券、信托、保险、资管、房地产、基础设施、制造业、资源与能源、信息产业等50多个经济门类。项目前期×集团与某县政府一直有接触，目前进度虽然较慢，但其竞争力不容小觑。

4.项目风险及控制措施

（1）融资风险

目前公司自有资本不足，需要大量的融资来保证项目的顺利进行，融资能力直接影响着项目的成功与否。

项目属于政府和社会资本合作市政公用基础设施，其融资可以争取政策性银行的期限、利率等方面的支持，由于目前业内实际操作的案例、可供借鉴的融资模式和政策很少，融资方面仍有一定的不确定性。

风险控制措施：目前，公司积极接触几家政策性银行，积极推介现有项目，目前获得的反应也较为积极，力争在政策允许的范围内获得最优惠的贷款条件。

（2）运营和支付风险

项目的运营中主要的风险有：

1）水费的收缴率。作为社会资本，对当地供水情况及当地企业没有足够的熟悉度和控制力，水费能否及时足够收缴存在风险。

2）用水量的变化。现有引水及自来水工程设计负荷比较大，收益比较依赖于未来的人口增长和企业的扩张。

3）水价调价风险。在长期运营中随着人力、材料成本的提升，水价的调整影响公司收益很大。

风险规避：

1）公司收入由政府列入刚性财政预算，专款专用，以财政补贴的形式直接拨付。

2）要求某县提供支付担保。

3）合同中详细约定未来可能出现的特殊情况和违约责任，从法律上进行约束。

（3）政策法律风险

目前，国家对于PPP的政策频频出台，宏观经济政策大方向不会改变，短期内大力推进环保行业的态势不会出现明显转变。经济增长进入中速发展的新常态，而环保作为引领经济新发展的着力点，已越来越凸显其对经济发展的带动作用。

四、防范PPP风险

[案例4-3]

某污水处理企业对项目的各种风险进行了详细的论证。以下是该污水处理企业撰写的《商业计划书》(节选)。

1. 项目概述

某县政府拟与某公司(即某污水处理企业)合作,以BOT模式建设一个污水处理厂,项目服务对象为某县生活污水处理和部分工业废水处理。工程建设规模6万 m^3/d。建设项目总投资9000万元。

2. 项目风险分析

(1)竞争对手分析。某县已有一个污水处理厂,建设规模2万 m^3/d,设计工艺采用悬挂链移动曝气工艺,设计出水标准为《城镇污水处理厂污染物综合排放标准》GB 18918—2002中的一级A排放标准。目前,该污水处理厂满负荷运行,出水水质稳定达标。鉴于某县已有一个污水处理厂,因此存在生产不确定性风险。

(2)政策风险。近年来,国家相继出台了一系列支持PPP项目的政策和文件。本项目属国家重点支持的PPP合作模式,相关重要条款需在PPP合同中约定,回避政策风险。

(3)成本控制风险。本项目采取运营成本加10年回报投资的模式,因此成本控制主要体现在运营上。运营成本主要是能耗,而能耗如电价受国家政策调控。

(4)项目支付风险。按日处理单位运行费用成本,财政将全年的污水运营费用列入本年度预算。如因某县财政遇到困难,则本项目回报存在一定的风险。

(5)污水进水水质超标风险。进水水质不受项目控制,如果进水水质超标,则项目本身在运营中会受到较大的影响,直接影响排污效果,严重情况下可能不达标。

(6)工程建设风险。本工程的主要危害因素可分为两类,其一为自然因素形成的危害和不利影响,一般包括地震、不良地质、暑热、雷击、暴雨、台风等因素;其二为生产过程中产生的危害,包括有害尘毒、火灾爆炸事故、机构伤害、噪声振动、触电事故、坠落及碰撞等各种因素。

3. 项目风险控制

(1)项目支付风险控制

在运营期内,运营费用实行动态管理,某县政府每月向公司支付污水处理服务费。污水处理服务费包括以下两部分:

1）__万 t/d 保底水量。每日污水处理服务费 = 污水处理单价 × __万 t 水量；

2）每隔三年，根据国家物价综合指数的上涨幅度，某县政府和某公司双方共同协商并确定运营费的上调比例。

污水处理服务费的支付：

1）污水处理运营费按月向某公司支付。

2）某公司应在每个运营月结束后 3 个工作日内按照计算的污水处理服务费金额向某县政府开具账单或付款通知，并同时向某县政府提供当月运营报告，包括处理水量、水质检测情况、设施运行状态等情况。

3）某县政府每月 10 日以前（非工作日除外），将上月污水运营费划拨到某公司账号上。

（2）进水水质风险控制

某县政府与公司签订的 PPP 合同应约定，如果污水进水水质超过本协议规定的标准致使某公司不能履行其义务，按下列方法处理：

1）如果由于某县政府责任造成进水水质超标，某县政府应向某公司给予适当补偿。

2）如果某公司有能力处理，则某县政府应补偿因增加处理负荷所造成的成本增加部分。

3）如果某公司没有能力处理，并持续 15 天，由双方共同协商处理办法，制订改造方案，经某县政府同意后实施，改造费用应由某县政府承担。在新的改造方案完成前，豁免由此造成某公司的出水水质超标的责任。

4）因执行某县政府要求改变的污水处理出水水质标准，造成运行成本的增加或资本性支出，某公司有权获得相应的补偿。

（3）环境保护风险控制

1）地面水环境。保护范围为项目尾水排放纳水区域。以拟建的污水处理厂尾水排放口断面起，到排放口下游约 1km 的河段，使污水厂出水达标排放。

2）空气环境。恶臭对空气环境影响范围为厂界及周边敏感区域，使得敏感区域空气质量不受恶臭影响。

3）噪声。污水处理厂厂界及附近敏感点，使敏感点不受噪声干扰。

4）固体废弃物。建设过程对环境的影响缓解措施：减少扬尘、控制施工噪声、倡导文明施工、制定废弃物处置和运输计划。

(三) 商业银行参与 PPP 的挑战与机遇

由于 PPP 项目投资规模大、期限长，社会资本在投资 PPP 项目时，需要向金融机构融资以解决自身的资金不足。不过，由于我国金融市场相比发达国家并不成熟，目前社会资本的融资方式主要以向银行贷款为主。

1. 商业银行参与 PPP 的挑战

客观地说，上文所举的"PPP 项目 20 多项贷款条件"的案例，既是银行的风险规避举措，也是符合银行作为市场竞争主体的现实需要，银行尤其是商业银行在针对 PPP 的项目上面临着较大的挑战：

（1）PPP 项目公司增信❶缺失。PPP 项目大部分属于 BOT 在建项目。在项目建成之前，没有经过各项评价和验收，不能获得相关证件，因此无法实现抵押。作为银行业金融机构来讲，对 PPP 项目投资自然需要融资主体（社会资本或 PPP 项目公司）的实力和信用作保证，而目前多数 PPP 项目融资主体为成长中的企业，如果企业成立项目公司，以项目公司为主体承担设计、投资、融资、建设、运营和维护的责任，那么对于刚刚成立的项目公司来说，没有实力和信用可供参考。在此情况下，银行需要其他增信主体，而通常的增信主体为 PPP 项目公司的股东方或地方政府。然而做到这一点很难，尤其是作为政府一般不会提供担保，传统的由地方政府融资平台主导的项目建设和运营方式转为 PPP 模式后，融资风险自然转移给社会资本。从这个角度说，传统的由政府信用担保的融资方式变成目前 PPP 模式下由社会资本财产和信用担保的融资方式。

事实上，财政部《关于印发政府和社会资本合作模式操作指南（试行）的通知》（财金 [2014]113 号）已经规定了风险分配基本框架。按照风险分配

---

❶ 增信就是增进信用，起源于企业发行债券的金融活动。狭义增信是指债券的信用评级（包括主体评级和债项评级），广义增信是指一切能够为融资提供有力支持的各种手段和方式。广义增信范围包括担保的五种方式（保证、抵押、质押、留置、定金），还包括诸如信用评级、人大及政府出具的相应决议、承诺函、回购安排、可行性缺口补助、缴交保证金、购买保险、资金第三方托管等。

优化、风险收益对等和风险可控等原则,综合考虑政府风险管理能力、项目回报机制和市场风险管理能力等要素,在政府和社会资本间合理分配项目风险。原则上,项目设计、建造、财务和运营维护等商业风险由社会资本承担。

(2) 存在资金错配。研究发现,资金错配是影响商业银行支持PPP项目的一个重要原因。

PPP项目大多涉及基础设施建设和公共服务领域,融资周期一般8~10年,最长达30年,较一般工商企业贷款更长。然而商业银行主要是以中短期贷款为主,一般为3~5年。因此,针对PPP项目贷款,商业银行存在着资金错配的问题。虽然国家发改委联合国开行已印发《关于推进开发性金融支持政府和社会资本合作有关工作的通知》,由国开行对PPP项目提供利率优惠,最长可达30年贷款期限等方面的差异化信贷政策,但在商业银行政策方面尚无文件出台。

(3) 盈利挑战。PPP模式下社会资本主要有央企、国企、民企、外资以及混合所有制企业。当下在PPP实践中,商业银行合作方多为具有国有背景的大企业,由于这些企业信用等级相对较高,金融机构在PPP中的议价能力相对较弱。而PPP项目的公共属性又决定了项目回报率不高,金融机构参与PPP营利性挑战大。更进一步说,如果民企想向商业银行贷款,又面临期限较短利率较高,直接的后果是自身的投资回报不高,民企融资的意愿会打折扣。

(4) 商业银行参与PPP项目存在法律限制。现阶段我国商业银行参与PPP项目主要面临《商业银行法》和《银行业监督管理法》等法律及有关规定的限制。如《商业银行法》第四十三条规定:"商业银行在中华人民共和国境内不得从事信托投资和证券经营业务,不得向非自用不动产投资或者向非银行金融机构和企业投资,但国家另有规定的除外。"金融资本是社会资本的融资对象,反过来,PPP项目对金融资本来说是投资对象,包括股权投资和债权投资。但目前银行只能做债权投资,不能做真正的股权投资,可以通过信托、基金、资管计划投资项目公司股权,但其作为财务投资人不控制项目公司。

总的来说,商业银行参与PPP还面临着诸多困难。要让金融助力PPP的发展还需要对包括商业银行在内的金融机构创新和改革,创新银行贷款产品设计,在利率方面对PPP项目给予优惠等。作为商业银行,需要仔细研究和准确把握PPP的新型需求,有针对性地创新相关产品,大力支持我国PPP的推广。

2. 国家层面解决银行支持 PPP 项目问题

为有效解决银行支持 PPP 项目资金匹配、营利性挑战等问题。除上述国家发改委联合国家开发银行发布文件提出由国家开发银行对 PPP 项目提供利率优惠、最长可达 30 年贷款期限等方面的差异化信贷政策外，2015 年 6 月，国务院总理李克强主持召开国务院常务会议，部署加大重点领域有效投资，发挥稳增长调结构惠民生的多重作用，明确提出"引导金融机构建立快速通道，加快重大工程、PPP 项目等贷款审批。"

2015 年 8 月，银监会、国家发改委联合下发《关于银行业支持重点领域重大工程建设的指导意见》（银监发 [2015]43 号），要求银行信贷重点支持国家重大工程项目，通过实施银团贷款、联合授信等开展信贷创新；鼓励针对政府与社会资本合作（PPP）项目特点开展金融服务创新。银监会相关负责人指出，重大工程项目往往公益性较强，经济性较低，而出于成本考虑，商业银行对这类项目提供支持的积极性不高。因此，监管部门需要对银行业支持重点领域重大工程提出有针对性的要求，引导银行业发挥重要作用。

3. 商业银行承担综合化的融资服务角色

作为 PPP 模式的重要参与者，商业银行承担着综合化的融资服务角色：一方面，为 PPP 项目提供资金来源，解决社会资本的资金不足问题；另一方面，参与到 PPP 项目的设计、开发等顾问服务。所以说，商业银行可以通过金融途径强化银行、政府以及社会资本的合作关系，从而更好地发挥 PPP 模式的作用。商业银行对我国 PPP 模式的推广具有举足轻重的作用。

4. PPP 对商业银行来说是机遇

从另一个角度讲，参与 PPP 对商业银行也是一个巨大的机遇，其蕴藏着巨大的业务空间。银行在防控自身信贷风险的同时，应积极介入，参与到 PPP 的大发展中。

（1）PPP 为商业银行拓展综合金融服务，提供了投资的新途径。PPP 项目为商业银行进一步拓展服务和提供产品提供了广阔的空间，商业银行可以充分发挥资源配置作用，通过基金、信托等方式引导信贷投向，有效撬动社会资金进入PPP领域,从而大大推动PPP项目的落地。从商业银行自身担负的支持实体经济重任的角度,也应积极支持社会资本积极参与PPP项目,实现国家经济、社会资本、金融机构和社会公众的"多赢"。

(2)PPP为商业银行提供了提升经营水平的契机。商业银行通过创新,积极参与PPP,在扩大经营领域的同时,还可以不断加强自身的风险防范机制和金融创新能力。在为PPP发展作出贡献的同时,最终的受益者也包括商业银行自己。对商业银行而言,其本身也是市场竞争主体,面临着激烈的金融和资本市场竞争,也需要扩大自身的市场占有率,也有盈利方面的要求,也需要在市场竞争中发展壮大自己。因此在各方社会资本、金融机构、实体经济纷纷抢占PPP市场的背景下,商业银行也需将业务范围拓展至PPP模式,去"抢占"蓬勃发展的PPP新市场。

5. 多家银行积极参与PPP

近两年来,国内多家银行积极参与PPP项目。如轨道交通、水利、供水、污水处理、垃圾处理、智能立体停车库建设等均成为项目的热点。

公开资料显示,2015年6月,全国首个地方高铁PPP项目——济青高铁(潍坊段)征地和拆迁项目招标结果揭晓:在众多银行激烈角逐中,中国邮政储蓄银行成功中标。该高铁项目是全国首个按照财政部《政府和社会资本合作项目政府采购管理办法》规范运作的地方高铁PPP项目,计划投资规模40亿元,期限15年,邮储银行将以自营和理财资金联合投资。

2015年6月,民生银行以8.24%最低年化收益率中标钓鱼嘴PPP整治项目。中标的钓鱼嘴片区位于重庆市大渡口区东南部,三面临江,坐拥10.26公里江岸线,是重庆主城唯一未开发的半岛。此外,建设银行、农业银行、工商银行、中国银行等多家银行积极进入PPP市场,开始分享PPP"盛宴"。我国PPP模式正处于一个创新时代,随着PPP法律、法规和政策的不断完善,银行业金融机构将迎来发展的大机遇。

（四）基金新政加速 PPP 进程

鉴于社会资本资金不足，中央层面曾明确倡导设立中央级的引导示范性 PPP 股权投资基金，以加速社会资本参与 PPP 的进程。

2015 年 4 月，国家发改委、财政部、住建部、交通运输部、水利部、央行等联合发布《基础设施和公用事业特许经营管理办法》，允许对特许经营项目开展预期收益质押贷款，鼓励以设立产业基金等形式入股提供项目资本金，支持项目公司成立私募基金，发行项目收益票据、资产支持票据、企业债、公司债等拓宽融资渠道。

"42 号文"特别指出中央财政出资引导设立中国政府和社会资本合作融资支持基金，作为社会资本方参与项目，提高项目融资的可获得性。鼓励地方政府在承担有限损失的前提下，与具有投资管理经验的金融机构共同发起设立基金，并通过引入结构化设计，吸引更多社会资本参与。

2015 年 9 月，财政部联合中国建设银行股份有限公司等 10 家机构，共同发起设立中国政府和社会资本合作（PPP）融资支持基金。基金总规模 1800 亿元，将作为社会资本方重点支持公共服务领域 PPP 项目发展，提高项目融资的可获得性。

2015 年 12 月，财政部下发《关于财政资金注资政府投资基金支持产业发展的指导意见》（财建 [2015]1062 号），《意见》指出，规范设立运作支持产业的政府投资基金，财政资金注资设立政府投资基金支持产业，要坚持市场化运作、专业化管理，以实现基金良性运营。基金的设立和运作，应当遵守契约精神，依法依规推进，促进政策目标实现。

有中央级引导基金的参与，社会资本将对参与 PPP 项目更有信心，投资力度也将更大。除中央级引导基金外，我国各地产业基金入股 PPP 项目也日渐增多，许多地方政府正借力产业基金吸引各种社会资本参与 PPP 项目，并先后公布地方 PPP 基金方案。

综合各方信息，我国各地方政府已经设立和正在设立的 PPP 基金主要有：

2014年8月，重庆市设立产业引导股权投资基金，将以45.5亿元撬动各类社会资本共约155.5亿元对工业、科技、现代服务业等6大领域进行股权投资。

2015年6月，河南省首次公布总规模为50亿元的《河南省PPP开发性基金设立方案》（见附录3）。方案明确了基金规模、投资范围、支持形式、基金管理等重要内容。根据方案，这项基金旨在撬动更大规模的社会资本参与到基础设施和公共服务设施领域项目建设中，并促使数以万亿的社会资本PPP项目资金落地。

方案显示，基金将按照优惠的资金成本给PPP项目提供资本支持。对于新增项目，基金按照项目公司中政府出资部分的30%给予资本金支持，总投资在10亿元以下的单个项目最高支持2000万元，总投资超过10亿元的项目最高支持5000万元；对于存量项目采用PPP模式改造的，基金按不超过项目总投资的5%~10%给予支持，最高不超过5000万元。基金采用股权为主方式投入PPP项目。河南省设立PPP开发性基金首开国内地方政府以政府基金支持PPP项目的先河，具有重要的意义。

2015年6月，江苏省财政厅发起设立"江苏省PPP融资支持基金"，并制定了《江苏省PPP融资支持基金实施办法》（试行）（见附录4）。江苏省PPP融资支持基金规模人民币100亿元，每20亿元为一个子基金。基金期限为10年。10年到期后如仍有项目未退出，经出资人同意可延长。基金出资人分为两部分，一是财政出资人，即省财政厅，部分市、县财政局。二是其他出资人即若干家银行机构，保险、信托资金，其他社会资本。基金将用于江苏省财政部门认可且通过财政承受能力论证的PPP项目，优先投入省级以上试点项目及参与出资市、县的项目。

2015年10月，新疆维吾尔自治区设立第一批自治区PPP政府引导资金。PPP政府引导基金由自治区与相关金融机构按1:9的比例建立，由专业化基金管理机构运作管理。自治区出资100亿元，金融机构出资900亿元，基金规模1000亿元。

2015年9月，云南省印发了《云南省政府和社会资本合作融资支持基金设立方案》（见附录5），拟设立规模在50亿元以上的基金。省财政厅从意向出资人中通过谈判等方式遴选合作伙伴，起草基金组建方案、管理办法、合作协议等相关材料，并同步向各州（市）财政局征集第一批基金支持项目。

2015年12月，四川省财政厅印发《四川省PPP投资引导基金管理办法》（见附录6）。PPP投资引导基金由财政出资10亿元发起，是四川省政府性引导基金中财政出资额度最大的一只，也是四川省拟八只产业基金中首个出台管理办法的基金。10亿元财政出资对社会资本的撬动比预计达1∶5左右。基金存续期原则上设定为8年。

2016年2月，河北省成立全国第一个区域性基金PPP京津冀协同发展基金。PPP京津冀协同发展基金总规模初步拟定为100亿元，在三年内分批落实到位，其中，河北省财政出资10亿元作为引导基金，银行机构、保险、信托资金以及其他社会资本出资90亿元。基金将用于支持河北区域内纳入省级PPP项目库且通过物有所值评价和财政承受能力论证的PPP项目，以及京津冀协同发展战略背景下的优质项目，助推京津冀协同发展战略实施。

此外，从金融机构的角度讲，其正以基金的形式积极参与PPP项目。以开发性金融机构为例，为加大对PPP基建项目的融资支持力度，开发性金融机构做了新的尝试。国家开发银行作为开发性金融机构，其正尝试"基金+PPP"模式，具体方式为：政府与银行合作设立基金，并通过银行表外理财让社会资本介入，然后通过银团贷款等方式后续跟进投放融资项目。这样做的好处是在社会资本资金不足、投资意愿不强的情况下，政府与银行合作设立基金，引导社会资本参与PPP项目，提高社会资本的积极性，同时还有后续资金跟投，保障了项目所需资金要求。

五、辨析PPP主要法律问题

研究发现,当前PPP在实践中最大的问题之一是有关PPP的法律法规不完善,法律体系不健全,一些主要的法律问题还存在着较大的争议。这些问题都阻碍了PPP项目的落地,因此PPP法律问题亟待理清和完善。

（一）PPP 立法迈出关键一步

PPP 大力推广以来，虽然在我国发展迅猛，但在实际推广中仍存在"雷声大雨点小"的现象，PPP 项目落地率并不理想，关键的问题之一是有关 PPP 的法律、法规和政策问题需要进一步完善，只有建立健全的 PPP 法律法规体系，才能促进 PPP 进一步发展，促进 PPP 项目进一步落地。

1. 主管机构缺乏协调合作

目前，我国推广 PPP 的部门主要是财政部和国家发改委。财政部负责管理国家财政资金，重点是对 PPP 进行规范、严控 PPP 项目的质量，以避免部分地方政府包装假的 PPP 项目，从而有违国家推广 PPP 的初衷。而国家发改委重点是宏观经济管理，更加关注 PPP 项目的数量和规模，以期通过大力发展 PPP 稳定经济增长。实际操作中，国家部委之间职能界限划分并不十分清晰，如财政部和国家发改委在 PPP 的立法、指导意见等方面都从各自角度出发，容易产生两套法令的问题，导致地方政府在执行过程中无所适从，阻碍了 PPP 项目的落地和在我国的推广。

随着问题的不断暴露和业内的不断呼吁，主管机构缺乏协调和合作的问题越来越得到改进。2016 年 5 月 28 日，财政部和国家发改委联合发布《关于进一步共同做好政府和社会资本合作（PPP）有关工作的通知》，《通知》提出稳妥有序推进 PPP 工作、着力提高 PPP 项目融资效率等七项措施来提高 PPP 项目融资效率，切实推动 PPP 模式持续健康发展。《通知》提到要进一步加强协调配合，要求各地要进一步加强部门间的协调配合，形成政策合力，积极推动政府和社会资本合作顺利实施。对于涉及多部门职能的政策，要联合发文；对于仅涉及本部门的政策，出台前要充分征求其他部门意见，确保政令统一、政策协同、组织高效、精准发力。

2. 权威的 PPP 立法尚未出台

在"法律规范+配套政策+操作指引"的框架体系指引下，我国 PPP 相关政策密集出台,政策体系逐步完善。不过,根据我国的法律、法规和政策的层级和效力,在权威的 PPP 立法尚未出台之前,现存的多为部门规章和条例,不仅层级较低,法律效力相对不足,而且相互之间存在冲突,这样就衍生出新的问题:PPP 法律、法规和政策目前到底效力如何?未来如果新政出台,以哪一部法律、法规和政策为准?还有,现存的法律、法规和政策如果有矛盾,到底以哪一部为准?这些问题不仅让地方政府存有疑问,也让社会资本顾虑重重,显然影响了 PPP 在我国的发展和 PPP 项目的落地。

虽然国务院、部委、地方政府有关 PPP 的政策不断出台,但最高层级的立法仍未出台。正是因为 PPP 立法未出台,下位法效力不高,导致地方政府在推广 PPP 的过程中存在较大的困难。2016 年 1 月,财政部率先完成《中国政府和社会资本合作法(征求意见稿)》的意见征集,2016 年 5 月,由国家发改委主导的《中国基础设施和公用事业特许经营立法草案》完成。我国 PPP 立法呼之欲出,但从目前公布的版本来看,这两部法案之间存在很大争议,即 PPP 与特许经营的区别问题:财政部主张广义 PPP,而国家发改委采取的是特许经营的概念。

通过 PPP 立法,填补政府和社会资本合作领域的立法空白,从法律上明确 PPP 主管与参与机构,理顺各职能部门分工,避免法律争议和冲突的产生,解决 PPP 项目运作与现行法律、法规和政策之间的衔接与协调问题,从而为大力推广 PPP 模式提供根本的法律保障。

3. PPP 立法迈出关键一步

一个 PPP 项目特许经营期长达二三十年,如果没有从根本上进行立法,或者社会资本建设和运营期间在 PPP 领域出台两部不同的法律,而且两部法律之间有交叉和冲突,很显然会给 PPP 项目的建设和运营带来很大不确定性,使参与 PPP 项目的地方政府和社会资本均无所适从,一系列矛盾和风险也会产生,在这种情况下,社会资本尤其是民间资本担心风险问题,将不敢介入 PPP 项目。

2016 年 7 月初,困扰 PPP 领域的两部正在起草的法律终于被明确合二为一。7 月 7 日,国务院总理李克强主持召开国务院常务会议,听取 PPP 模式推广情况汇报。汇报过程中,发改委和财政部两个部门分别提请了"特许经营立法"和"PPP立法"的意见,其中许多内容重复交叉,还有不少意见相左。李克强在上述会议上强调,"我们建设法治政府,国务院法制办一定要超越部门利益。在起草相关法律法规条例过程中,既要充分听取吸收相关部门的意见和建议,更要站在'法治'的高度,超越于部门利益之上。在这一点上,法制办必须要有权威,'说了算'!"李克强当即明确要求由国务院法制办牵头,加快推进相关立法进程,以更好的法治环境更大激发社会投资活力。这是国务院首次强调PPP立法合二为一,将减少社会资本参与PPP项目的不确定性,也让PPP实操问题可以在一部法律下解决,这样PPP法律的层级问题、效力问题以及相互矛盾问题便迎刃而解,阻碍PPP发展的诸多问题将从根本上得到改变,社会资本参与PPP项目的积极性将大大提高。

中国财政科学研究院PPP立法课题组认为,立法时要以结果为导向,改革不适合PPP健康发展的体制机制,彻底打破PPP发展中的"玻璃门"、"旋转门"、"弹簧门",不能让过去的传统体制束缚PPP项目的顺利推进。同时,要建立有利于明确各方责权利、规范各方利益和风险的分配规则,真正实现各方平等、合作、互利和共赢。

PPP统一立法,化解了政府与社会资本之间在合作过程中的不确定性,明确了PPP项目合作各方主体的权责利关系,将有利于政府合理、合法操作PPP项目,加大推广PPP的力度。而社会资本有了统一立法的保障,会对PPP项目进行科学的预判,这样更有利于PPP项目的快速落地。

(二) PPP 合同是一个综合法律体系

市场经济社会，合同是维系合作各方权利义务关系的重要保障。对 PPP 模式而言也是如此。在 PPP 模式中，合作的双方主要是政府和社会资本，但这只是 PPP 项目的合作主体，除此之外，围绕 PPP 项目的设计、融资、建设、运营、维护以及咨询、审计、评估、法律等等，还有大量的市场参与者。因此，PPP 合同是一个综合的法律体系。在这个法律体系中，项目各参与方通过签订一系列合同来确立和调整彼此之间的权利义务关系。

PPP 合同法律体系是操作 PPP 项目的核心因素，凡是进入 PPP 领域的参与主体，都必须对 PPP 项目合同体系进行深入细致的了解和掌握。根据 PPP 项目的合作主体以及设计、投资、融资、建设、运营和维护流程，PPP 合同体系主要由各个基本合同构成。PPP 基本合同通常包括 PPP 项目合同、股东协议、融资合同、履约合同、服务合同和保险合同等基本合同。

1. PPP 项目合同

PPP 项目合同是整个 PPP 合同体系的核心。PPP 项目合同主要是指政府和社会资本之间签订的合作合同，是其他合同产生的基础，也是整个 PPP 项目合同体系的基础和核心。2014 年 12 月 2 日国家发改委印发的《PPP 项目通用合同指南》第一章"总则"规定："PPP 项目合同是指政府主体和社会资本依据《中华人民共和国合同法》及其他法律法规就政府和社会资本合作项目的实施所订立的合同文件。"2014 年 12 月 30 日，财政部印发的《PPP 项目合同指南》指出，"PPP 项目合同是指政府方（政府或政府授权机构）与社会资本方（社会资本或项目公司）依法就 PPP 项目合作所订立的合同。"

可以说，国家发改委和财政部的这两份 PPP 合同指南关于 PPP 项目合同的定义基本相同，都强调的是政府方与社会资本方依法就 PPP 项目实施所签订的合同。具体来说，PPP 项目合同中政府委派的项目实施机构通常是政府委派的单位如住建、财政、城管、水务等等，PPP 项目实践过程中接触较多的是住建部门和财政部门。而社会资本通常是央企、国企、民企、外资乃至其他混合所有制企业。PPP合同的目的是在项目实施机构与社会资本之间合理分配项目风险，明确各自的权利义务关系，保障双方能够依据合同约定主张权利和履行义务，从而确保PPP项目在全生命周期内的顺利实施。

需要说明的是，有的PPP项目不需要成立项目公司，有的则根据具体情况需要成立专门的PPP项目公司，以PPP项目公司的名义与政府约定双方基本的权利义务关系。PPP项目公司又分为两种，一种是社会资本根据项目本身的需要单独成立PPP项目公司，一种是政府与社会资本共同成立PPP项目公司，这种情况下政府并不占有控股地位。如果成立PPP项目公司，就涉及一个重要的协议即股东协议，股东协议由项目公司的股东（政府、社会资本）签订，用以在股东之间建立长期、有约束力的合约关系。股东协议的主要条款有：项目公司的设立和融资、经营范围、股东权利、履行PPP项目合同的股东承诺、股东的商业计划、股权转让、股东会、董事会、监事会组成及其职权范围、适用法律和争议解决等。

如果PPP项目需要成立PPP项目公司，社会资本更倾向于与政府共同成立。在社会资本看来，PPP项目公司有了政府的参与，在项目未来的融资、建设、运营乃至维护中，社会资本更有"底气"，认为政府与自己是利益共同体，共进退，无论是行政审批还是政府财政补贴，风险都更小。

2. 融资贷款合同

PPP模式之所以得到大力推广，一个关键的因素是解决"钱"的问题，即政府借助社会资本的力量完成基础设施建设和公用事业项目建设。

融资贷款合同不仅仅是社会资本或PPP项目公司与金融机构（银行、基金、信托、保险等）等贷款方签订的合同，其包括多个合同，融资贷款合同也是整个PPP合同框架下的一个小的"合同体系"，除社会资本或PPP项目公司与金融机构贷款方签订的融资贷款合同还包括：担保人（主要为社会资本的股东方、PPP项目公司）就项目贷款与金融机构贷款方签订的担保合同、PPP项目公司以项目未来收益权作抵押与金融机构贷款方签订的抵押合同（由于PPP项目尤其是BOT类项目，在贷款初期由于项目未开工建设并未形成实际资产，考虑到贷款的安全性，金融机构往往要求社会资本或项目公司以项目的未来收益权作为抵押或质押)、以项目融资为标的第三方机构与金融机构贷款方签订的担保合同等多个合同。以下是一例PPP项目融资过程中,就PPP项目向银行融资贷款时,某银行要求社会资本提供的资料清单:

[案例5-1]

申请中小企业资金贷款需提供的材料清单

(1)公司(即社会资本)材料

1)借款申请同意借款的股东会决议(写明客户概况、申请借款金额、期限、用途、用款计划、还款来源等)。

2)营业执照经年检的组织机构代码证(正副本复印件),有效的税务登记证法定代表人及委托代理人身份有效证明(复印件)。

3)验资证明(复印件)。

4)人民银行核发经年检有效的贷款卡及密码(复印)。

5)公司章程。

6)客户应提供近四年年度财务报告及最近一期财务报表,成立不足三年的,提交成立以来的年度财务报告及最近一期财务报表。

(2)借款用途材料

1)投标协议中标通知书。

2)项目文件:可研报告、四项审批(土地、规划、备案、环评)。

(3)担保相关材料

保证担保需提供:担保人成立时的批准文件;担保人的企业营业执照(副本及复印件)、企业法人代码证书(复印件)、法定代表人证明书及签字样本(原件)、法人授权委托证明书及签字样本(原件)、法定代表人及委托代理人身份证(复印件)、近三年的年度审计报告及财务报表(复印件)、公司章程(复印件)、贷款卡密码、税务登记证明(复印件);董事会、股东会或股东大会同意保证的决议或具有同等法律效力的证明或文件。

3. 履约合同

PPP履约合同主要包括工程设计合同、工程承包合同、原材料供应合同、运营服务合同,这些合同是PPP项目合同进入实质操作阶段后,社会资本或项目公司根据项目公司建设和运营需要而与相关方签订实施的一系列合同。

（1）工程设计合同。工程设计合同是基于项目建设需要，由社会资本或PPP项目公司与设计院、技术设计单位签订的合同。工程设计合同是工程建设的前置条件，包括设备、安装、土建等都是围绕设计这根"轴"运转。

（2）工程承包合同。PPP模式下社会资本或PPP项目公司只作为投资融资主体和项目管理者而存在。因此，社会资本或PPP项目公司本身不一定具备自行设计、建设项目的资质，通常会将部分或全部设计、采购、建设工作委托给具有相应资质的工程承包商。此时，社会资本与PPP项目公司需要与具有资质的工程承包商签订工程承包合同，以完成项目的建设。当然，如果社会资本或PPP项目公司本身具有工程建设资质，则多数情况下，建设类的工作都是由社会资本或PPP项目公司完成。实践中，社会资本与PPP项目公司既可以与单一的按照法律法规规定具有相应资质的承包商签订总承包合同，也可以分别与不同的承包商签订合同，至于签订工程总承包合同还是分包合同，则依据不同的情况而定。

（3）原材料供应合同。对于一个PPP项目而言，原材料如基建中的钢筋、水泥、垃圾处理中的设备、污水处理中的设备和药剂等在整个工程建设、运营成本中所占的比例比较大，受价格波动和市场供求等影响，原材料的供应会影响整个项目的建设和持续稳定运营。为了防控原材料供应风险，社会资本和PPP项目公司通常会与原材料的主要供应商签订长期原料供应合同，约定一个相对稳定的原材料价格，以降低自身的投资风险。

（4）运营服务合同，通常情况下，PPP模式以BOT、TOT、ROT等模式为主，PPP模式区别于EPC、BT等传统商业模式的一个重要方面是其具有"经营和管理"。从某种程度上讲，政府之所以选择与社会资本合作，并不仅仅是因为政府财政压力大、缺钱，政府还看中社会资本的技术实力和管理能力，需要借助社会资本的技术实力和管理能力提高PPP项目的运营效率，转变政府职能。而从社会资本的角度讲，其本身也愿意发挥自己在技术和管理上的优势参与PPP项目，毕竟在"经营和管理"只要操作得当，社会资本也有利可图。

需要说明的是，有时社会资本操作PPP项目过多时，为了形成规模效益，或者引进"更有实力的运营公司"以达到降低运营成本增加利润的目的，社会资本有时会考虑将项目全部或部分运营和维护事务外包给有经验的专业运营商，并与其签订运营服务合同。在这种情况下，政府与社会资本所签订的

PPP 项目合同一般会约定运营维护事务的外包需要事先取得政府方的同意，且社会资本的运营和维护义务并不会因为将运营维护事务外包而豁免。

4. 产品或服务购买合同

对于 PPP 项目，还款来源主要有三个方面：一是项目为经营性项目，收入完全来源于项目运营，如供电、供水等；二是项目为准经营性项目，使用者付费不足以使社会资本获得合理回报，政府通过可行性缺口补助给予补贴收入，如污水处理、垃圾处理项目；三是项目为公益性项目，如市政道路、排水管网、生态环境治理等项目没有收入或者只有很少收入，需要政府支付服务费用。对于第二、第三类项目，社会资本的投资收益通过政府与社会资本签订的 PPP 项目合同体现，而对于第一类项目，政府并不支付费用，而完全依赖项目本身的运营管理实现社会资本的投资回报。因此为了实现项目产品或服务持续、稳定的销售，社会资本需要与最终的使用者签订产品或服务购买合同，以实现自己的投资收益。

5. 保险合同

鉴于 PPP 项目资金规模大、生命周期长，社会资本或 PPP 项目公司以及其他相关参与方通常需要对项目融资、建设、运营等不同阶段不同类型的风险分别进行投保以分担风险，实践中主要包括货物运输险、建筑工程险、第三人责任险，等等。

6. 其他合同

PPP 模式中除了政府、社会资本、金融机构等主角外，不可或缺的，还有中介机构的大力配合与支持。PPP 实践中根据需要还可能会涉及其他中介类的合同，如与专业中介机构签署的投资、法律、财务等方面的咨询服务合同，这也是 PPP 合同体系中重要的一环。无论政府一方，还是社会资本一般均需要咨询、法律等中介机构提供支持，以更加科学地实施 PPP 项目。事实上，中介机构是我国 PPP 各大发展要素中重要的组成部分，也是我国 PPP 模式推广、PPP 项目落地的战略版图中不可或缺的拼图。

（三）特许经营权的行政与民事合同之争

作为一种区别于过去政府融资平台的管理模式，PPP模式的合作主体为政府和社会资本，双方利益共享、风险分担，发挥各自的优势，最终提高公共产品或服务的质量和效率。此外，PPP项目的合作期限通常高达二三十年，那么，依靠什么法律手段维系双方的合法权利，使双方在法律的轨道上平稳走过，实现多赢呢？特许经营权无疑是政府和社会资本PPP项目合作的基础。PPP项目中保障政府和社会资本权利的关键就是特许经营协议，在特许经营协议中，法律条款往往约定了合同双方的利益保障机制。这也是社会资本最为关心的核心问题之一。

实践操作中，针对PPP项目，在地方政府对社会资本的资金、技术、管理等综合实力进行了详细论证、社会资本对地方政府财政实力和项目本身进行了充分调研、地方政府与社会资本经过充分磋商后，通常会签订严谨的特许经营协议。此后，双方步入"婚姻"，组建"幸福的家庭"。然而事实并非如此，在实际运作PPP项目的过程中，仍会出现诸如政府补贴资金不及时到位、双方对服务质量高低存在不同意见等问题，政府与社会资本时常产生摩擦。有社会资本认为，"在项目建成二三年后，政府就开始拖欠运营费，通常是几个月半年不付运营费，原因主要是财政困难。我们为了使项目顺利运营，也不想跟政府关系闹得不和睦，只好自行解决运营费用问题，政府的欠债慢慢解决。政府也不是不给运营费，主要是财政比较困难。总的来说最后政府都会付清账。"

而一旦发生违约行为，如果政府与社会资本双方都能够妥善处理，为PPP项目本身大局考虑适时适当地作出让步，PPP项目尚可继续运作。但事实上并非所有的问题都可以化解，一旦问题处理不好，争议就会越来越大，最终诉诸法庭。近些年我国有关PPP项目争议的官司并不鲜见。而一旦双方走法律诉讼途径，约定双方权利和义务的特许经营协议便成为官司的焦点问题。令PPP理论和实务界都比较尴尬的是,关于特许经营协议本身的法律性质、协议签约双方的法律地位等，目前业界都存在着较大的争议。

六、促进民间资本参与PPP

国家大力推广PPP的本义是鼓励社会资本尤其是民间资本进入基础设施和社会公共事业领域,但现实却是央企、国企成为此轮PPP热潮中的主角,这与国家推广PPP的初衷并不一致。

在PPP在快速发展的同时,PPP模式面临着法律法规不健全、社会资本融资难、风险大等难题,民间资本参与PPP面临着诸多挑战。因此,如何促进民间资本参与PPP成为亟待解决的问题。

(一) 民间资本面临"挤出效应"

在我国经济增速放缓、地方财政收入增速下行的大背景下，国家大力推广 PPP，为化解政府债务风险、缓解政府财政压力、盘活社会存量资本、拉动经济增长、提高项目运营效率等方面发挥了重要作用。

据财政部 PPP 综合信息平台的数据显示，截至 2016 年 4 月底，全国入库的 PPP 项目达到 8042 个，总投资达 9.3 万亿元，PPP 项目覆盖也由 5 个行业扩大到 13 个行业。6 月末全部入库项目 9285 个，总投资额 10.6 万亿元。

不过，在数以万计的 PPP 项目中，以民营企业作为社会资本主体参与 PPP 项目的比例却并不高。2015 年 8 月 25 日全国工商联发布的报告显示，2014 年，已通过 PPP 等方式进入公共服务及基础设施建设与运营领域的民营企业 500 强共有 58 家，占比 11.6%，有意向进入的企业有 136 家，占比 27.2%。据专业人士估计，目前在全国开展的 PPP 项目中，只有不到 5% 的"社会资本"来自名副其实的民营企业。

据民生证券研究院院长管清友统计，截至 2016 年 3 月末，全国 PPP 中心项目库中已签约项目 369 个，其中国企签约为 199 个，民企 170 个，从数量上看民企参与的 PPP 项目略少于国企。不过从签约项目总金额上看，国企签约的 PPP 项目金额达到 3819.48 亿，金额是民企的近 3 倍。

国家大力推广 PPP 的本义是鼓励社会资本尤其是民间资本进入基础设施和社会公共事业领域，但现实却是央企、国企成为此轮 PPP 热潮中的主角，这与国家推广 PPP 的初衷并不一致。

研究发现，PPP 快速发展的同时，PPP 模式也面临着法律法规不统一、社会资本融资难、风险大等难题，民间资本还面临着诸多挑战，导致民间资本参与 PPP 项目的积极性不高。民间资本之所以对 PPP 热情不够和信心不足，主要是以下几方面的原因：

六、促进民间资本参与 PPP

1. 民间资本面临"挤出效应"

在 PPP 项目的准入方面,部分地方政府对民间资本的设置要求过高,民营企业需要逾越重重关卡才能进入政府的视野。对于民间资本而言,在参与 PPP 项目时,时常遇到政府严格的准入管制、较高的资本门槛以及苛刻的技术限制,这无疑对民间资本产生了"挤出效应"。

如前所述,PPP 模式下项目的性质和收入来源主要有三种:一是市场化项目,如供水项目,依靠完全经营性的资产经营收入;二是准公益类项目,如污水处理、垃圾处理,政府通过补贴的方式来满足项目收益不足,以保障项目的运行和维护;三是公益类项目,公益性资产获取政府的资产服务购买收入,如河道治理项目。在实际运作中,对收益较高、现金流稳定、投资回报较好和盈利前景较好的 PPP 项目,如供水、污水处理、中水回用等 PPP 市场中的"优质"项目,存在一定的行业垄断,大型的央企、国企优势明显。

业内人士分析,部分地方还存在"政府吃肉、企业喝汤"的思维,能源、通信等高收益项目存在着行业垄断,一些现金流不高、利润率低的项目像卸包袱一样给民间资本。如果这种情况不变,民间资本不断地被"挤出",那么 PPP 将很难迅速发展。

对此,财政部相关负责人表示,目前 PPP 项目中已经出现了比较明显的国有企业对民间资本的"挤出效应",参与 PPP 项目的社会资本主要是国有企业,重点集中在大型基础社会建设和公共服务项目。PPP 的本义是鼓励社会资本尤其是民间资本进入基础设施和社会公共事业领域,建立起合作共赢的长期伙伴关系。我国应加快 PPP 立法,完善 PPP 项目的法律法规和工作机制,打消民营资本顾虑,激发民间投资热情。

2. 民营企业缺乏竞争优势

与大型央企、国企、外资以及上市公司相比,面对优质的 PPP 项目,民营企业显然缺乏竞争优势。PPP 项目投资规模大、期限长、利润率不高,且经营风险大,这些都对社会资本的技术能力、融资能力、管理能力以及抗风险能力提出了较高的要求,而相较大型央企、国企、外资以及上市公司来说,大多数民营企业在综合实力上存在着不小的差距。正如专业人士所言,"在大型基础设施项目中，民企真的是没有优势，无论是从业绩、队伍、资金、抄底能力上都比不上国企、央企。"

（1）资金实力方面，PPP项目投资规模大，大型国企、外资企业、上市公司等资金实力强大的社会资本尚且需要借助金融机构和资本市场的力量完成PPP项目的投资、建设和运营，对资金实力一般、融资不畅的民营企业而言，面对数以亿计的投资规模也只能是"望洋兴叹"。

（2）融资渠道和融资成本方面，央企、国企、外资具有先天优势，资信方面远胜于民企，融资渠道更为多样和顺畅。为PPP项目提供资金支持的最好方式之一是发行债券，尽管《国家发展改革委关于开展政府和社会资本合作的指导意见》（发改投资[2014]2724号）中明确提出："鼓励项目公司或合作伙伴通过成立私募基金、引入战略投资者、发行债券等多种方式拓宽融资渠道"，但在AAA与AA+级别的债券发行主体中，国有企业占据压倒性优势。

（3）技术实力方面。尽管民营企业相较国有企业而言机制比较灵活，在经过多年的技术积淀后，技术上取得了长足进展和相当大的突破。但市场上技术优秀的民营企业毕竟占少数，在PPP项目竞争中，民企与央企、国企、外资等相比，技术上并不占优势。

3. 部分地方政府和民间资本互信机制缺乏

部分地方政府与民间资本互信机制缺乏：一方面，部分地方政府出于对民间资本的融资、建设、技术和运营实力的担忧，对民间资本不信任；另一方面，民间资本对政府也缺乏足够的信任，主要是担心法律政策变化、政府不兑现承诺等风险问题。尤其是一些需要政府全部或部分补贴的PPP项目，政府支付能力和信用成为民间资本最大的担心之一。

实践中确实存在民间资本在参与PPP项目后，政府拖欠合同约定款项的案例。见案例6-1。

[案例6-1]

随着经济快速发展和人口迅速增长，华北某城急需建一座污水处理厂。多家社会资本和本地的民间资本在考察项目后，认为结合县城经济规模和人口数量，建设污水处理厂风险较大、回报期太长，多数不愿参与。在政府部门多方协调并承诺较大补贴的情况下，当地一家民营企业投资1.5亿元以PPP

模式建成此污水处理厂。

然而在污水处理厂建成后,政府时常以财政压力大等种种理由拖欠污水处理厂的费用,导致污水处理厂前期借款不能按期偿还、运营费用也得不到保障。说起这个投资,该民营企业老板颇为后悔,"一亿多的资金已经投进来了,全部变成了基建和设备,不可能撤回。项目运行也不可能停,一旦停下来,污水处理不达标直接排入河里,会影响当地的生产生活,环保部门也要进行处罚"。为了维持项目运转,该民营企业不得不四处筹集资金发放员工工资、购买药剂、支付电费等。

4. PPP 项目大多回报率低

由于 PPP 项目大多回报率低,因此民间资本兴趣不大。研究发现,与那些大型央企、国企、外资企业相比先"占领地盘"后再慢慢收益的长远战略相比,实力上稍逊一筹的民营企业更愿意追求短期内的高回报和高收益,而这种思路与 PPP 项目属于基础设施和社会公用事业项目回报率低不同,也与国家推出 PPP 模式缓解政府财政压力项目回报周期长的初衷相左。

目前我国 PPP 项目投资收益率普遍在 8%～12%。根据《2015 中国民营企业 500 强分析报告》,2014 年度民营企业 500 强的净资产收益率由上年的 14.35% 下降至 14.04%,虽然收益率呈下降趋势,但也超过了目前绝大多数 PPP 项目的投资收益率。因此,民营企业对 PPP"较低"的投资收益率兴趣不大。以当下投资迅速的高速公路 PPP 项目为例。高速公路 PPP 项目社会资本主要是大型国有企业,民间资本相对很少,主要是由于交通类 PPP 项目投资规模太大,动辄数十亿甚至上百亿元,而投资回报率却只有 4%～8%,而且回报期限长达几十年。作为民间资本而言,既没有这么大的资金实力,对这样的投资回报率兴趣也不大。

（二）民间资本难越"高门槛"案例

自 20 世纪 90 年代之后，外资开始进入我国 PPP 领域，彼时比较知名的 PPP 项目有广西来宾 B 电厂、成都第六自来水厂等。2000 年之后，民间资本开始进入 PPP 领域，主要是以 BOT 为主（由于 BOT 模式涉及项目的建设，较之 TOT 模式而言民间资本有建设部分的收入和利润，因此民间资本尤其是工程类的民间资本更倾向于参与 BOT 项目），这一时期，PPP 市场上既有央企和国企，也有民间资本、外资企业，可谓是多种所有制企业并存。不过，自从 2008 年国家推出四万亿政策到 2013 年，收于地方政府不缺资金，PPP 模式进入发展低潮，这个阶段民企也逐渐淡出 PPP 市场。从 2014 年下半年开始，随着我国大力推广 PPP 模式，PPP 模式下社会资本方的主角又发生了变化，主要是央企和国企，而民企参与度并不高。有西部省份 PPP 项目负责人表示，"财政部前两批的示范项目，我们落地的 8 个项目，只有一个是民企参与，其他全是央企和国企。"

研究众多民间资本参与 PPP 不高的原因，"高门槛"是一个重要的因素。近几年国内地下综合管廊发展迅速，由于民间资本进入地下综合管廊项目存在资金和技术门槛，因此民间资本操作地下综合管廊 PPP 项目比较少。以下是一例某市地下综合管廊的招标公告。见案例 6-2。

[案例 6-2]
某市 2016 年度地下综合管廊 PPP 项目招标公告

招标人：某市住房和城乡建设局

经市人民政府批准，市地下综合管廊项目拟采用政府和社会资本合作（PPP）模式运作，并授权市住房和城乡建设局作为项目的实施机构。该项目已具备采购条件，现对该项目的社会资本合作方进行采购，特邀请有意向的社会资本提交资格预审申请。

1. 项目名称

某市地下综合管廊 PPP 项目（以下简称"本项目"）。

2.项目规模及建设内容

本项目建设的综合管廊总长度为20公里。建设内容包含城市综合管廊建设、随管廊建设同时完善道路两侧绿化带的建设、既有道路下管廊建设时破坏市政设施的建设（包含车行道、人行道、分隔带及照明设施等）、既有道路下根据管廊线位需求而进行的排迁管线建设。

3.项目投资金额及投资方式

市地下综合管廊建设工程投资估算总金额为25亿元（以最终批准的可研报告为准），其中：第一部分费用（主体工程及附属工程费用）为17亿元，第二部分工程建设其他费用4亿元,本预备费为2亿元,建设期贷款利息2亿元。本项目采用BOT的模式进行运作，回报机制采用"使用者付费＋可行性缺口补贴"方式。

4.工程建设地点

某市某路某大街（以最终批准的可研报告为准）。

5.采购方式

公开招标。

6.采购需求

成交后与政府方出资代表共同成立项目公司，承担某市地下综合管廊建设项目的投资、设计、建设、运营及维护，合作期满后将本项目无偿、完好移交给政府方指定机构。

7.项目合作期

项目合作期为29年（含建设期4年，运营期25年）。

8.社会资本资格审查条件

社会资本必须是依照中华人民共和国法律在中国大陆境内注册成立并有效存续的企业法人或企业法人联合体，符合《政府采购法》第二十二条规定的要求，具有良好的商业信誉、良好的财务状况和与本项目投资相适应的足够的投融资能力及项目业绩要求。

（1）主体资格

1）社会资本为独立企业法人的，注册资本为10亿元人民币以上。

2）具有建设行政主管部门核发的年检有效的安全生产许可证并具有住建部颁发的市政公用工程施工总承包一级及以上资质。

3）社会资本为联合体的，联合体牵头人应满足上述两项条件，并应具备以下条件：

①联合体成员数不得超过 3 家，各成员均应为独立企业法人；

②同一潜在社会资本不能同时参加两个及以上联合体，也不能既独立参与投标又组成联合体参与投标；

③联合体各方应签订共同投标协议，明确联合体各方拟承担的工作和责任，明确联合体牵头人和联合体其他成员的权利义务、出资额或出资比例；

④联合体组成后不得再发生变化；中标后，未经项目实施机构的书面同意，联合体的成员结构、相互关系及出资比例均不得变动。

（2）商业信誉

1）商业信誉良好，在经济活动中无重大违法违规行为，近 3 年内企业、法定代表人、项目经理均无行贿受贿记录；

2）近 3 年无重大违法行为，目前未处于被取消或暂停投标资格状态；

3）近 3 年内财务会计资料无虚假记载、银行和税务信用评价系统或企业信用系统中无不良记录；

4）采用联合体形式投标的，联合体各成员均应符合上述商业信誉要求。

（3）财务状况

1）近 3 年（自 2012 年至投标截止日期）任意一年年营业额（指投资或施工）在 200 亿元以上；任意一年净资产 10 亿元人民币以上；任意一年企业年净利润 5 亿以上。

2）最近连续 3 年每年均为盈利，并提供近 3 年经具有法定资格的中介机构独立审计的年度财务报告。

3）财务状况良好，没有处于财产被接管、冻结、破产或其他不良状态、无重大不良资产或不良投资项目。

4）采用联合体形式投标的，联合体牵头人应满足上述财务要求。

（4）投融资能力

1）具有不低于 20 亿元人民币（或等值货币）的投融资能力。

2）采用联合体形式投标的，联合体牵头人必须满足上述投融资能力要求。

（5）项目经验及业绩

1）社会资本应至少提供以下两项业绩中的一项：

①在过去5年内(自2010年至投标截止日期),社会投资人至少具有投资、建设和运营(以上三种经验至少具备两种)给水管、再生水管、雨污水管、供热管、电力电缆和通信电缆中至少两种管线的项目业绩经验。

②在过去5年内(自2010年至投标截止日期),社会投资人至少具有投资、建设和运营(以上三种经验至少具备两种)投资额超过5亿元人民币的础设施项目。

2)采用联合体形式投标的,联合体牵头人必须满足本条第一项要求。

9.社会资本资格预审方式

本项目资格预审采用合格制法,经评审合格的申请人(社会资本)可应采购人邀请参加下一阶段采购,有3家以上社会资本通过资格预审的,采购人将继续开展采购文件准备工作;项目通过资格预审的社会资本不足三家的,采购人将在调整资格预审公告重新组织资格预审;项目经重新资格预审后合格社会资本仍不足三家的,可以依法变更采购方式。

上述某市地下综合管廊PPP项目招标公告中,有几个硬性条件如要求社会资本注册资本为10亿元人民币以上、近3年任意一年年营业额在200亿元以上、任意一年净资产10亿元人民币以上、任意一年企业年净利润5亿以上、具有不低于20亿元人民币(或等值货币)的投融资能力等,对许多大型央企、国企、外资企业而言,这些要求并不算高,但对大多数民间资本而言,无疑具有相当大的难度。

（三）激发民间资本投资活力

我国目前大力推广 PPP 模式，一个重要目的就是激活民间投资活力，提高民间资本参与 PPP 的动力，发挥投资拉动经济增长的关键作用。

民营经济是我国社会主义市场经济的重要组成部分，民间投资是非公有制经济的投资主体，而非公有制经济创造了 60% 左右的 GDP、80% 的就业、50% 的税收。我国对外投资中近 70% 来自于民营经济。民营企业参与 PPP 有其自身的优势，比如相对于国企复杂的决策和审批流程，民营企业具有决策速度快、审批流程快等特点，大大节约 PPP 项目磋商时间，加快推进 PPP 项目的洽谈、融资、建设等进程。

然而，2016 年以来，民间投资在全社会投资中的比重出现了近 10 年来的罕见下滑。2016 年一季度民间固定资产投资比重降至 62%，比 2015 年同期降低了 3.0 个百分点，比 2015 年全年降低 2.2 个百分点。2016 年 1 ~ 4 月全国固定资产投资累计增速由去年底的 10% 略升至 10.5%，其中，政府投资由去年底的 9.5% 猛增至 20.6%，民间投资却由 10.1% 降低至 5.2%。投资尤其是民间投资对我国经济的重要作用不言而喻。在政府大力推广 PPP 模式的背景下，民间投资却现低迷，应该引起警惕，必须想办法解决这个问题。地方政府要大力发展 PPP，从而撬动民间投资，激发民间资本的热情，需要从以下几方面着手：

1. 给予民间资本和其他资本平等地位

无论是从民间资本反映的情况还是地方政府的实际操作来看，确实存在较严重的"重国资轻民资"现象。部分地方对 PPP 项目设置要求过高，民间资本在与央企、国企等 PPP 参与主体竞争上处于弱势，民间资本参与 PPP 面临一道"玻璃门"，阻碍了民间资本进入 PPP 领域。

（1）市场存在"重国资轻民资"现象。研究发现，PPP 实际操作中之所以出现"重国资轻民资"，一个重要原因是政府回避道德风险和舆论风险。同样一个 PPP 项目，如果参与主体既有国有企业，又有民营企业，即使是国有企业和民营企业资金实力和技术实力相当，管理经验也差不多，提出的合作条件也差别不大，政府也更倾向于与国有资本甚至外资合作，而不与民间资本合作，主要是为了"避嫌"。

（2）民间资本回报率更低。在与国有企业竞争的过程中，面对同一个PPP项目，面对同样的回报条件，由于国有资本融资渠道顺畅、融资成本更低，优势明显。而民间资本往往需要付出更大的融资成本（实践操作过程中银行一般都会利率上浮），这样无形中降低了民间资本的投资回报率。如果回报率过低，民间资本只得选择退出。换句话说，同样的项目，同样的回报条件，拥有融资优势的国有企业可以做，而民间资本却被一扇无形的门挡在外面。国务院发展研究中心相关负责人曾指出，如何提高社会资本参与PPP项目的积极性是一个问题，比如收益率现在一般给出的是6%～8%，如果引入民间资本，市场融资成本都要达到这个水平，融资成本比较高，所以参与这个项目就没有了积极性。因此，在投资回报上，要从PPP模式的实质出发，本着PPP项目"盈利不暴利"的原则，给予民间资本合理的投资回报。

2016年5月，国务院总理李克强在国务院常务会议上多次强调，要破除民间投资的隐性壁垒，进一步放宽市场准入。面对民间资本投资下滑，2016年5月下旬，国务院派出多个促进民间投资专项督查组，分赴山西、广东、重庆等省市开展专题调研，其中PPP项目落地情况是调研重点之一。这是国务院首次对促进民间投资健康发展开展专项督查。督查发现，一些地方和金融机构并未做到"一碗水端平"，在规模上"重大轻小"，在身份上"重公轻私"，在地域上"先内后外"。有企业家称很多国企在PPP项目中占了先手，"现在很多PPP项目就是为国有企业'量身定做'的，很少有民企参与的份儿，有的地方直接告知'优先考虑国企'。""一方面因为国企能从银行贷到更低成本的资金，另一方面政府也想避免引发道德风险质疑。我们申请过很多PPP项目，都被以各种理由拒绝了。"督查中有企业家反映，各地优质的PPP项目基本都被国企垄断，民企要投入PPP项目的难度比较大，取得好项目更是难上加难。对于民资和外资来说，央企国企是他们难以跨过的竞争对手。

2. 政府要有契约精神

由于在与地方政府的合作过程中担心政府违约导致投资失败，民间资本往往小心谨慎。实践发现，如果某个地方政府曾经在某个 PPP 项目上失约，无论因为何种原因，都会让社会资本对该地的其他 PPP 项目产生顾虑，担心此项目也会出现此前类似的违约风险。而反过来，如果地方政府在每一个 PPP 项目上都做到诚信守约，无形之中就会产生巨大的示范效应，让民间资本相信这个地方政府的契约精神，因此敢于参与这个地方的 PPP 项目，敢于投入大量资金参与这个地方的经济建设。

3. 扩大对民间投资的领域

从此前由政府主导到引导民间资本积极参与，我国基础设施建设和公用事业项目建设发生了非常大的变化，无论是市政道路、供水、供气、供暖、污水处理、垃圾焚烧，国家都大力提倡社会资本积极进入。根据国务院办公厅转发的《关于在公共服务领域推广政府和社会资本合作模式的指导意见》（国办发[2015]42号），"42号文"提出，鼓励在能源、交通运输、水利、环境保护等公共服务领域，采用政府和社会资本合作模式，吸引社会资本参与，并将推广 PPP 与大众创业、万众创新列为"双引擎"。

为了激发民间资本的投资活力，政府还应扩大对民间投资的领域。2016年7月，国家发改委印发《中长期铁路网规划》（发改基础[2016]1536号），共五大要点，其中第三点为以改革创新办法推动铁路建设，继续深化铁路投融资体制改革，创新市场化融资方式，积极鼓励引导社会资本投入，拓宽融资渠道，激发市场活力，采取综合措施提升铁路可持续发展能力。分析认为，国家将要对包括民间资本在内的社会资本放开部分铁路方面的市场，这对我国的基础设施建设和激发民间资本的投资活力无疑具有重要的意义。

4. 加大金融机构支持力度

如前所述，民间资本在与央企、国企等 PPP 市场主体的竞争中，融资方面明显处于劣势，从而影响了民间资本参与 PPP 的热情。因此，在融资环境上，金融机构也需要根据 PPP 的特点不断创新，为民间资本提供更大的资金支持，满足民间资本的融资需求。如银行、基金、信托和保险等针对 PPP 开发相关产品，为民间资本参与 PPP 提供资金支持和保险保障。

(四) 多地促进民间资本参与PPP

国家审计署数据显示,截至 2013 年 6 月底,地方政府性债务余额高达近 18 万亿元,其中偿还责任债务约 10.9 万亿元。此外,市县级政府的债务合计占比高达 80.9%,其中以市政建设占 37.5%、交通运输设施建设占 13.8% 为主要债务来源。以基础设施建设和公用事业为核心内容的 PPP 模式对于化解地方债务风险的重要性不言而喻。

2015 年 4 月 21 日,国务院常务会议通过《基础设施和公用事业特许经营管理办法》,要求用制度创新激发民间投资活力。要点如下:一是在能源、交通、水利、环保、市政等基础设施和公用事业领域开展特许经营;二是境内外法人或其他组织均可通过公开竞争,在一定期限和范围内参与投资、建设和运营基础设施和公用事业并获得收益;三是完善特许经营价格或收费机制,政府可根据协议给予必要的财政补贴,并简化规划选址、用地、项目核准等手续,政策性、开发性金融机构可给予差异化信贷支持,贷款期限最长可达 30 年;四是允许对特许经营项目开展预期收益质押贷款,鼓励以设立产业基金等形式入股提供项目资本金,支持项目公司成立私募基金,发行项目收益票据、资产支持票据、企业债、公司债等拓宽融资渠道;五是严格履约监督,保障特许经营者合法权益,稳定市场预期,吸引和扩大社会有效投资。

2016 年 7 月 1 日,《国务院办公厅关于进一步做好民间投资有关工作的通知》发布,对进一步做好民间投资有关工作进行部署。《通知》明确,抓紧建立市场准入负面清单制度,进一步放开民用机场、基础电信运营、油气勘探开发等领域准入,在基础设施和公用事业等重点领域去除各类显性或隐性门槛,在医疗、养老、教育等民生领域出台有效举措,促进公平竞争。《通知》要求,从 7 月中旬开始,国家发展改革委要会同有关部门成立督导组,对民间投资体量大、同比增速下降较快和近期民间投资增速滞后的省(区、市),组织开展重点督导。见附录 7。

此外,在中央政府的大力推动下,各地方政府也积极出台政策促进民间资本参与 PPP 项目。梳理媒体报道发现，近来我国各省多措并举促进民间资本参与 PPP 项目。

2016 年上半年，四川省 PPP 工作进入全面推进新阶段。为提高民间投资参与 PPP 项目的积极性，四川省出台多项措施，以全面保障 PPP 项目透明、规范、长效运行。四川省已出台《四川省政府与社会资本合作项目推进办法》，构建 PPP 项目全生命周期管理制度体系和项目推进长效机制。为促进民间资本参与 PPP，四川省将重点工作放在信息权威发布、流程的透明和规范上。此外，四川省还配套出台一系列促进措施，包括制定 PPP 综合补助资金管理办法，对全省示范项目给予融资成本补助和市县政府定向财力补助；建立 PPP 投资引导基金等。截至 2016 年 3 月底，共有 736 个项目纳入财政部 PPP 综合信息平台项目库，居全国第三位，入库项目总投资超 7000 亿元，居全国第四位。

福建省民营经济活跃，在全省经济总量中占 2/3。2015 年，全省民间投资达 1.26 万亿元，同比增长 17.8%，对全省的投资增长贡献率达 60%。

在推广 PPP 模式中，为了更好地释放民间资本的投资活力，福建省专门举办 PPP 项目民营企业专场对接会，为民间资本参与 PPP"搭台唱戏"，这种力推民间资本加入 PPP 的举措全国范围内并不多见。此外，为解决单个民营企业体量小、无法参与重大项目合作的问题，福建省积极鼓励一些民营企业以抱团成立项目公司的方式参与 PPP 项目建设。截至 2016 年上半年，福建省已落地签约的 27 个 PPP 项目中就有 13 家民营企业中标，其中 2 个 10 亿元以上项目的合作方是民营企业联合体。在资金支持民营企业参与 PPP 方面，某公司和福建省签订战略合作协议，设立不低于 1000 亿元的 PPP 发展基金，福建省政府还专门研究设立总规模 200 亿元的省级 PPP 引导基金，将通过股权、债权等方式支持 PPP 项目融资，特别是解决民营企业初期资本金的难题。

福建省财政厅负责人表示，在探索和推广运用 PPP 模式过程中，福建省将进一步强调重诺履约的契约精神，构建民间资本平等参与、平等协商的合作基础。福建省将持续加强项目策划、完善行业标准，促进 PPP 项目科学决策、规范运作，让民间资本能参与、敢参与、愿参与。

七、建立科学的PPP机制

2012年初,英国资深PPP咨询机构"PPP快讯国际"和"合作伙伴快讯"就全球PPP市场趋势对67家全球性PPP公司首席执行官进行了市场调查,并结合"德勤有限公司"在美国、英国、加拿大等地分部的多名PPP专家观点,完成了《2012年全球PPP市场概况》报告。调查结果表明,发达国家是当前主要的PPP市场,原因在于其市场经济成熟,PPP操作流程更加透明,PPP机制更加科学。

我国在大力发展PPP项目的同时,应加强PPP机制建设。

（一）物有所值评价对 PPP 发展大有裨益

所谓物有所值（Value For Money，VFM），是指一个组织运用其可利用资源所能获得的长期最大利益❶。

广发证券研究报告披露，截至 2015 年 5 月底，全国 22 个省份公布了 PPP 项目推介计划，估算投资总额超过 3 万亿元，动辄超过千亿规模省份不在少数。财政部 PPP 中心数据显示，截至 2016 年 1 月 31 日，各省级财政部门上报 PPP 项目总计 9283 个。换句话说，从 2014 年 8 月开始，仅一年半的时间，我国 PPP 项目就从 0 增至 9283 个，增长速度可用"迅猛"一词概括。对此，专业人士评论称，从 PPP 推进的国际经验看，中国仅用了两年时间就走完了发达国家十几年的道路。

然而，研究发现，虽然短短的一年半时间我国 PPP 项目就从 0 发展到上万，但仍存在鱼龙混杂的情况，即许多不符合条件的项目也被列入 PPP 之中。如对上述 9283 个项目审核后，只有 6997 个项目纳入财政部 PPP 综合信息平台项目库，2286 个 PPP 项目并没通过审核，占所有 PPP 项目数量比例为 24.6%。这些项目被业内称作假 PPP 项目。为了快速上马 PPP 项目，一些之前不具备 PPP 资格的项目被部分政府匆匆打包成 PPP，部分地方政府欲浑水摸鱼，通过假的 PPP 项目化解地方政府债务、缓解地方政府财政压力。更为严重的是，个别地方政府还与咨询公司联合编造假的 PPP 项目。以财政部第一批 PPP 示范项目为例，第一批 PPP 示范项目一共有 30 个，之后有 4 个 PPP 示范项目因不合规被剔除示范名单。而财政部在推出第二批示范项目时，明确提出要建立"能进能出"的项目示范机制，对已列入名单的示范项目，如项目交易结构发生重大变化不能采用 PPP 模式，或一年后仍未能进入采购阶段的，将被调出示范项目名单。

PPP 项目造假危害极大：首先，我国大力推动 PPP 的目的，是为了缓解地方政府财政压力，通过投资拉动经济增长，还要借助社会资本的力量，提高项目的建设和运营效率，提高人民群众的生产生活水平。然而假 PPP 项目却适得

---

❶ 物有所值评价是国际上普遍采用的一种评价，传统上由政府提供的公共产品和服务是否可运用政府和社会资本合作模式的评估体系，旨在实现公共资源配置利用效率最优化。

其反，不仅起不到拉动经济增长的目的，反而会混淆视听，进一步影响我国的宏观经济决策。其次，所谓"假的就是假的"，由于假 PPP 项目"先天不足"，没有经过科学的调研和磋商，没有经过科学的测算，因此后期根本无法按照真正的 PPP 那样操作。对政府而言，未来极有可能会产生信用风险问题，对社会资本而言，收益不足、运营困难等问题亦将接踵而至。总之，假 PPP 项目失败的风险相当大，无论是对政府、社会资本、金融机构还是社会公众都十分不利。对此，财政部 2015 年 6 月发布《关于进一步做好政府和社会资本合作项目示范工作的通知》(财金[2015]57 号)，明确规定，严禁通过保底承诺、回购安排、明股实债等方式进行变相融资，将项目包装成 PPP 项目。

为了遏制地方政府不顾实际快速上马 PPP 的冲动、有效杜绝造假现象的发生，2014 年 11 月，财政部下发《PPP 模式操作指南（试行）》，一个完整的 PPP 项目流程可以分为项目的识别、准备、采购、执行、移交五个环节，其中在项目识别环节，将进行物有所值和财政承受力评价，前者考察的是"该不该做"，后者考察的是"能不能做"。财政部还根据《中华人民共和国预算法》、《中华人民共和国政府采购法》、《关于推广运用政府和社会资本合作模式有关问题的通知》、《关于印发政府和社会资本合作模式操作指南（试行）的通知》等法律和规范性文件，明确提出要科学规范地对 PPP 项目进行物有所值评价。关于 PPP 项目的"物有所值"认定，目前无论是从政策层面、理论层面还是实际操作层面，比较一致的观点是物有所值指的是"一个项目采用传统体制政府要为项目付出的代价总和与采用 PPP 模式政府要付出代价总和的差值，分为定性评价和定量评价"。

现实的问题是，部分地方政府对 PPP 项目操作中的"物有所值评价"概念还比较陌生，对如何操作、运用"物有物值评价"更是不知从何入手。此外，PPP 项目在融资阶段，银行业等金融机构也需要 PPP 项目通过"物有所值评价"才能正式启动贷款程序。因此，对地方政府和社会资本而言，无论是操作 PPP 项目，还是项目融资需要，"物有所值评价"都是一道迈不过去的门槛，更是一个亟待解决的实操难题。

从 2015 年上半年开始，财政部开始修订《PPP 项目物有所值指引（征求意见稿）》，2015 年 12 月 18 日，财政部印发《PPP 物有所值评价指引（试行）》的通知（财金[2015]167 号），《指引》要求，中华人民共和国境内拟采用 PPP 模式实施的项目，应在项目识别或准备阶段开展物有所值评价。"物有所值评价包括定性评价和定量评价。现阶段以定性评价为主，鼓励开展定量评价。定量评价可作为项目全生命周期内风险分配、成本测算和数据收集的重要手段，以及项目决策和绩效评价的参考依据。"见附录8。

1. 关于定性评价

定性评价指标包括全生命周期整合程度、风险识别与分配、绩效导向与鼓励创新、潜在竞争程度、政府机构能力、可融资性等六项基本评价指标。

实践中，"定性评价"采取专家独立打分和专家组会议评审两种评价方法，由政府本级财政部门或其委托的行业主管部门或第三方专业机构组织专家组开展定性评价，选取不少于7名物有所值评价专家，组成专家小组。专家小组至少包括工程技术、金融、项目管理、资产评估、会计和法律等多个领域的专家各一名。在专家独立评分环节，设定十多项指标，采用百分制评分法，最后汇总并加权计算总分。基本指标主要有全生命周期整合潜力、风险识别与分配、业绩导向、潜在竞争程度等。项目本级财政部门（或PPP中心）会同行业主管部门根据专家组意见，做出定性评价结论。原则上，评分结果在60分（含）以上的，通过定性评价；否则，未通过定性评价。

2. 关于定量评价

定量评价是在假定采用PPP模式与政府传统投资方式产出绩效相同的前提下，通过对PPP项目全生命周期内政府方净成本的现值与公共部门比较值进行比较，判断PPP模式能否降低项目全生命周期成本。

总的原则是，当PPP项目全生命周期内政府方净成本的现值小于或等于公共部门比较值的，认定为通过定量评价；PPP项目全生命周期内政府方净成本的现值大于公共部门比较值的，认定为未通过定量评价。

PPP模式在我国虽然处于起步阶段，但是在中央高层、各级地方政府、各类社会资本、金融机构、中介机构以及广大社会公众的共同努力下，PPP已取得长足进展，积累了宝贵经验，树立了典型标杆，为下一步PPP在我国的大发展打下了坚实基础。从PPP模式在我国的长远发展来看，"物有所值评价"作为PPP项目重要的准入门槛之一，其在完善了我国PPP法律、法规和政策体系的同时，对大力推广PPP模式，建立科学的PPP制度体系也不无裨益。

(二)建立科学的利益浮动机制

在政府与社会资本磋商PPP项目的过程中,对双方尤其是对社会资本而言,除了考虑诸多风险之外,投资回报率无疑是其重点考虑的因素。鉴于PPP项目投资规模大、运营周期长、回报率不高等诸多特点,科学的调价机制成为激活社会资本参与基础设施建设和公用事业设施建设的重要方面。

由于PPP涉及税负调整、汇率变化、利息以及通货膨胀、CPI(居民消费价格指数)、土地政策变化等宏观经济政策诸多方面,因此,在PPP合同中政府和社会资本双方应尽可能在可预见的未来对社会资本的投资回报作科学的调整。为保障PPP项目在合同期限内的稳定有效运营,建立一套行之有效的保障机制势在必行。

建立科学的浮动收益机制是吸引社会资本加快进入PPP领域的重要举措。具体来说,浮动收益机制固定一个周期(一般是以三年为一个周期,具体情况根据行业的不同,政府和社会资本共同商定),然后根据市场环境的变化重新核算项目的成本和收入以及社会资本的投资回报率。一般情况下,每个周期执行一个固定价格。在这个周期内,如果社会资本通过加强管理、提高效率、节约成本,便可获得一定超额利润,此超额利润可以由社会资本独享或社会资本与政府共享;而如果社会资本尽力提高运营效率,但市场环境发生了很大变化,或真实的运营情况与预期的相差过大造成社会资本的亏损过大,则政府应给予社会资本一定的补贴,以减少社会资本的损失,这其实也符合PPP模式"利益共享,风险共担"的原则。等到下一个周期后,根据国家经济社会发展的新情况和新形势,政府与社会资本进行重新商定,对价格再进行动态调整,这符合公开、公平、公正的原则,无论对政府还是社会资本而言,都有助于形成良性的正向激励,促进PPP模式持续健康发展。

总之,浮动收益机制既符合社会资本的诉求,也符合政府的诉求。无疑是一种科学的回报机制:通过建立浮动收益机制,政府方面进一步减轻了财政的压力,以减轻了舆论的压力。而社会资本则减轻了预测不准、亏损过大的压力,有利于 PPP 项目的长久运维,因为项目长期极低收益或不收益甚至亏损,项目的运维是很难长久支撑的,而这也不符合政府大力推广 PPP 的初衷。

科学的利益浮动机制的主要内容应为项目调价周期、调价幅度、调价程序等调价机制。地方政府还可以借助咨询、法律、审计、评估等第三方机构建立浮动收益机制,确保调价机制更加科学透明。需要说明的是,在政府付费的调价机制方面,目前常见的主要有三种方式:

1. 公式调整机制

所谓公式调整机制,是指政府与社会资本约定的 PPP 项目调价公式中特定系数变动(常见的调价系数包括:消费者物价指数、生产者物价指数、劳动力市场指数、利率变动、汇率变动等)导致根据价格调整公式测算的结果达到约定的调价条件时,将触发调价程序,按约定的幅度自动调整定价。

2. 约定固定期限调价比例

这种情况是指政府与社会资本约定一个固定的期限和调价比例(如以每三年为一个周期进行调价),在特许经营期限内按照此约定执行,这样可以省去协商的成本和代价。

3. 基准比价机制

这种情况是定期将社会资本或项目公司提供服务的定价与同类服务的市场价格进行对比,如果有差异,那么社会资本或项目公司可以与政府进行协商,对政府此前的付费机制进行调整,以体现公平原则。

我国第一个污水 TOT 项目合肥市王小郢污水处理厂是国内较有影响的案例,该项目溢价机制为我国 PPP 项目树立了典范。

[案例 7-1]

合肥市王小郢污水处理厂是安徽省第一座大型的城市污水处理厂,日处理能力合计 30 万吨,建设总投资约 3.2 亿元。2003 年合肥市政府决定采用 TOT(转让—运营—移交)模式,通过国际公开招标方式转让王小郢污水厂资产权益,特许经营期限 23 年。共有 4 家单位提交投标文件。王小郢污水厂项目成为国内当时公开招标标的额最大的污水厂 TOT 项目,在我国水务行业引起轰动。政府公布的王小郢污水处理厂资产权益转让底价为 2.68 亿元。国际水务巨头柏林水务和东华工程联合体最终以 4.8 亿元的高投标价中标，溢价率近 80%。

经过 10 年经营，王小郢污水厂项目资本金基本收回并开始盈利。当时参与谈判的政府与社会资本双方由于对项目未来发展可能遇到的一系列问题有详细预估，因此在合同条款和权益的划分上非常明晰透明。比如针对污水处理费和保底水量，合同规定第一个运营年保底水量为 22.5 万 m^3/d，第二年增加至 25.5 万 m^3/d，第三年再增至 28.5 万 m^3/d。2007 年以后，该污水处理厂日均处理量始终在 30 万立方米以上。针对另一关键性指标水价调整，政府和社会资本双方以 CPI（居民消费者价格指数）、水价和劳动力成本等一系列指标作为依据设计出一个调价公式，调价公式每两年调整一次。

王小郢污水处理厂的重要经验主要在设计出了一套科学的保底水量和价格调整方案。该案例中确定的 0.75 元/t 污水处理服务费单价为随后实施的一系列污水处理市场化项目确立了价格标杆，使整个行业的价格下降 20% 以上，王小郢项目为我国公用事业改革提供了成功案例。可以说，科学的浮动收益机制是解决 PPP 项目落地难的一个重要方面，也是激活社会资本参与基础设施建设和公共服务设施建设的重要机制。

（三）奖补政策激励社会资本

20世纪90年代开始，我国在基础设施领域一直在积极探索PPP模式，不过由于法律法规缺位和制度建设尤其是激励机制滞后，阻碍了PPP项目的快速落地。

随着全国各地不断推出PPP项目，为了推动PPP项目快速发展，从2015年12月起，中央和地方先后拿出资金来奖励PPP项目落地。

2015年12月17日，财政部发布《关于实施政府和社会资本合作项目以奖代补政策的通知》（财金[2015]158号），《通知》旨在通过以奖代补方式支持政府和社会资本合作（PPP）项目规范运作，保障PPP项目实施质量。对中央财政PPP示范项目中的新建项目，财政部将在项目完成采购确定社会资本合作方后，按照项目投资规模给予一定奖励。其中，投资规模3亿元以下的项目奖励300万元，3亿元（含3亿元）至10亿元的项目奖励500万元，10亿元以上（含10亿元）的项目奖励800万元。奖励资金由财政部门统筹用于项目全生命周期过程中的各项财政支出，主要包括项目前期费用补助、运营补贴等。对符合条件、规范实施的转型为PPP项目的地方融资平台公司存量项目，财政部将在择优评选后，按照项目转型实际化解地方政府存量债务规模的2%给予奖励，奖励资金纳入相关融资平台公司收入统一核算。享受奖励资金支持的存量项目，其地方政府存量债务应通过合同条款明确转移至项目公司或社会资本合作方，化债安排可行、交易成本合理、社会资本收益适度。中央财政PPP示范项目中的存量项目，优先享受奖励资金支持。PPP项目以奖代补政策自2016年起实施，执行期限暂定3年。见附录9。

梳理发现，为了推动当地PPP项目进展，加速PPP项目的落地，提高项目操作的规范性以形成示范效应，各地也纷纷出台奖补政策。

2015年5月，福建省公布PPP项目奖补政策，对2015～2017年，福建列入省级PPP示范项目给予一次性奖励，奖励标准是5000万元以上、1亿元以下的奖励50万元，1亿元以上每增加1亿元再奖励30万元，单个项目奖励额不超过500万元。如果列入财政部PPP示范项目的,奖励金额按上述标准增加20%。

2015年12月,山东省财政厅拨付1亿元资金,对PPP项目质量较好、基础工作扎实的13个市6个省直管县(市)进行一次性奖励和补助。其中,奖励部分分为"化解存量债务、国家示范和省级示范"3种类型,分别奖励50万元、40万元和30万元。

2016年1月,浙江省财政厅公布了浙江省推广PPP模式综合奖补资金管理暂行办法,明确对省财政厅确定的PPP示范市县,省财政给予500万元奖补。对列入省财政推荐项目库的项目,完成签约的,省财政按不超过项目总投资额的0.5%给予综合奖补,最高奖补500万元;项目签约并开工建设的,省财政再按不超过项目总投资额的0.1%给予奖补,最高奖补100万元。

2016年1月,河北省财政厅出台了《河北省省级政府和社会资本合作(PPP)项目奖补资金管理办法(试行)》,资金统筹用于PPP项目前期工作和项目资本注入。凡是列入财政部PPP示范项目、省PPP试点的项目、通过PPP模式成功化解存量债务的项目、通过物有所值评价和财政承受能力论证的项目,2015年度省财政分别奖励每个项目所在市或县400万元、300万元、200万元、100万元,奖补资金总额3亿元。见附录10。

2016年4月,北京市财政局印发《北京市推广政府和社会资本合作(PPP)模式奖补资金管理办法》的通知,《通知》称,奖补资金分为综合奖补资金和项目奖补资金两种方式。拨付各区的综合奖补资金由市财政局按照因素法测算,区财政可统筹用于推广PPP模式相关费用支出,包括区PPP项目全生命周期过程中的各项财政支出,如项目前期费用补助等。项目奖补资金,包括市、区两级项目奖补资金。对于区级PPP项目,市财政局在项目完成采购,确定社会资本合作方后,按不超过项目总投资额的0.5%给予奖励,最高奖补500万元;项目签约并开工建设的,市财政再按不超过项目总投资额的0.1%给予奖补,最高奖补100万元。项目奖补资金可用于PPP项目全生命周期过程中各项支出,包括项目前期费用等。对纳入财政部政府和社会资本合作示范项目名单的PPP项目,项目奖补资金最高为800万元,且无须扣除中央奖励资金金额,鼓励示范项目先行先试,发挥示范效应。见附录11。

2016年5月,新疆维吾尔自治区财政厅发布《自治区政府和社会资本合作模式奖补资金管理暂行办法》。对投资超3000万元以上的PPP项目，可获得不同程度的奖补资金，并且对纳入财政部的示范项目，最高可获100万元奖补资金。通过以奖代补政策，推动PPP项目落地，保障PPP项目实施质量。促进基础设施和公共服务设施建设。

  2016年6月，江苏省财政厅关于印发《政府和社会资本合作（PPP）项目奖补资金管理办法》的通知，对符合要求的PPP试点示范项目，省财政将按社会资本方出资的项目资本金金额（正式签署的合同金额），按以下比例计算给予奖补：省财政将根据年初预算安排情况，确定具体项目奖补比例。对省辖市范围的单个PPP项目最高奖补金额不超过2000万元，对县（市）范围的单个PPP项目最高奖补金额不超过1000万元。见附录12。

八、探索PPP模式创新

随着PPP模式在我国的大力推广,如何促进PPP模式的迅速发展及PPP项目的快速落地成为各级政府和社会资本各方高度关注的问题。

我国PPP发展还处于起步阶段,很显然,要实现PPP的快速发展,急需探索出一条符合我国经济社会发展实际、符合PPP模式特点的科学发展路径。重点是通过模式创新,探索出具有我国特色的PPP之路。

（一）探索 PPP 模式科学发展路径

无论是部分地方政府决策者还是实体企业、资本界，都有一种较为普遍的观点，认为 PPP 模式其实只是一种公共产品和公共服务的提供方式，不过是一种新形势下的新融资手段，这种模式最主要的目的或者说是唯一的目的就是降低政府的财政压力，说到底是一种"短债变长债"的手段。所谓思想决定行动，实践中的确存在不少在这种思想指导下推出的 PPP 项目。

事实上，PPP 模式是一种全新的投融资模式，是新的发展阶段国家的发展战略，其包含了政府和社会资本的相互合作、利益共享、风险分担。PPP 模式的优点可总结为"三二一"，即对政府而言至少有三个优点：可以缓解政府财政压力、转变政府职能、创新财税体制改革；对社会资本而言至少有两个优点：可以提高社会资本的运营效率，在经济增长放缓的背景下为社会资本提供广阔的投资机遇；对公众而言至少也有一个优点：在政府资金不够的情况下，提前让公众享受到优质的社会公共服务。

1. 明确 PPP 边界，防止过度泛化应用

需要强调的是，当下并不是所有的项目都适合采用 PPP 模式，也并不是所有项目都需要采用 PPP 模式。与一般项目不同的是，PPP 项目的特点非常鲜明、边界也特别清晰，其重点领域是"基础设施和公用事业服务"，包括交通、供水、燃气、污水处理、垃圾焚烧发电、医疗卫生、养老、旅游、教育培训等，近年来也出现一些跨界的综合类项目，比如智慧城市、海绵城市、片区开发等。

PPP 的边界问题非常重要。实践中，部分地方政府为争取财政资金和银行贷款支持，不考虑项目周期全过程的风险控制问题，因此将原本应该以市场化方式运作的项目"包装"成 PPP 项目，结果后续出现政府支付不能、社会资本运营问题重重等情况，这种思路和做法与完善市场机制的精神是相违背的。因此，必须严格界定 PPP 项目的边界范围，警惕 PPP 模式过度泛化应用。

2. 坚持效率优先，防止"大跃进"

研究发现，自国家大力推广PPP模式以来，有部分地方政府对PPP模式的精髓理解不够透彻，或急于推动PPP项目，或急于为存量债务"解套"（随着地方政府债务规模激增，加上很多原有的融资模式受43号文限制，因此推进PPP模式成为一种当然的选择，具体实践中政府主要是以TOT模式寻求与社会资本合作），因此出现不注重经济效益和社会效益，盲目上马PPP项目的情况，甚至纯粹就是为了融资，一哄而上搞"大跃进"式的工程，最终项目成为地方财政长期的包袱，这种情况无疑与国家大力推广PPP的初衷相悖。

很显然，互相攀比盲目上马PPP项目会产生诸多弊端：有的项目不适合以PPP模式操作，结果会出现很多风险。有的项目本身虽然适合以PPP模式操作，但时机并不成熟，或暂时没有建设的必要（如全国一哄而起的工业园建设，部分地方政府为引进企业，先行建设大规模的污水处理厂，一旦企业不进驻或进驻很少，则造成极大的浪费，要么工程"晒太阳"，要么政府没有能力补贴），或项目本身超出了政府的财政承受能力，一旦未来收益不够项目就将无法持续。社会资本投资失败的同时，社会公益项目本身也受到较大损失。而如果政府无力兑现与社会资本的约定，则面临政府信用损失的问题。

3. 在重点范围重点领域推广PPP项目

PPP运作的项目选择非常关键。财政部《关于推广运用政府和社会资本合作模式有关问题的通知》（财金[2014]76号，以下简称"76号文"）要求"各级财政部门要重点关注城市基础设施及公共服务领域，如城市供水、供暖、供气、污水和垃圾处理、保障性安居工程、地下综合管廊、轨道交通、医疗和养老服务设施等"。"76号文"还明确，"适宜采用政府和社会资本合作模式的项目，具有价格调整机制相对灵活、市场化程度相对较高、投资规模相对较大、需求长期稳定等特点。优先选择收费定价机制透明、有稳定现金流的项目。"

近年来，各部委和地方政府陆续出台文件大力支持、一系列成功的PPP项目落地并产生示范效应和复制作用，PPP在我国进入加速期。但总体来说，PPP模式当前在我国发展尚不完全成熟，各项配套制度还未定型，PPP模式各种主体的关系还没有完全理顺。因此，必须要有思路、有重点、有步骤、有阶段、有创新，以确保PPP模式更加快速、有序、健康地发展。

（二）盈利不暴利：非零和博弈

PPP 模式下，政府与社会资本考虑的角度似乎并不一致，出发点也似乎不一样，因此双方在磋商的过程中并不在一个"频率"上：一旦准备做一个 PPP 项目，政府考虑更多的是自身财政压力和支付风险，还有就是维护社会的公众利益（如供水、污水处理项目的水价、轨道交通的票价、智能立体停车场的票价等），因此对于社会资本的投资回报率方面，政府希望"社会资本投资回报率越低越好""社会公共利益越高越好"，最好是两者兼而有之。不过，对社会资本而言，考虑更多的是自己投资回报的风险，因此希望在创造社会效益的同时，自己的投资回报率"越高越好"。毕竟企业的生存、发展、利润以及股东的投资回报才是最重要的。

实践中，政府往往对社会资本提出的高回报（有时甚至超出地方财政承受能力）要求无可奈何：在资金、技术和管理上依赖于社会资本，但也要考虑现实情况，考虑地方政府的财政支付能力。否则一旦签订特许经营权协议，双方就要受法律的约束，政府如果不能兑现合同条款，就将会面临经济和信用丧失的双重风险。而社会资本也有苦难言：PPP 项目投资大、期限长、盈利不高，且风险大，当然希望尽快回收投资以降低风险。因此，就某一个 PPP 项目，政府与社会资本就投资回报率方面会陷入长期的"拉锯战"，有的项目磋商长达一年以上甚至时间更久，相当多的 PPP 项目因为政府与社会资本就投资回报率达不成一致而"泡汤"。

这似乎是一个难以破解的难题，难道在投资回报上政府与社会资本真的只能是零和博弈？❶ PPP 模式政府与社会资本并非只能是零和博弈，如果操作得当，完全可以实现"双赢"，甚至包括政府、社会资本、金融机构、社会公众、

---

❶ 零和博弈又称零和游戏，与非零和博弈相对，是博弈论的一个概念，属非合作博弈。指参与博弈的各方，在严格竞争下，一方的收益必然意味着另一方的损失，博弈各方的收益和损失相加总和永远为"零"，双方不存在合作的可能。早在 2000 多年前这种零和游戏就广泛用于有赢家必有输家的竞争与对抗。"零和游戏规则"越来越受到重视，因为人类社会中有许多与"零和游戏"相类似的局面。与"零和"对应，"双赢"的基本理论就是"利己"不"损人"，通过谈判、合作达到皆大欢喜的结果。

中介机构等"多赢"。

1. 政府需建立科学的投资回报机制

政府的重要责任是调节社会资本盈利空间,既要保持项目回报率的吸引力和合理性,吸引社会资本投资,保障项目建成后能够正常运转,又要防止社会资本利用公益项目形成垄断获取暴利。如果社会资本获利很低,则政府可以根据特许经营协议对其进行补贴以弥补其亏损,如果社会资本获得超额利润,政府可根据特许经营协议控制其高利润,避免社会公众的利益受损。政府如果能够建立科学的投资回报机制,政府、社会资本、社会公众都能够接受。

根据财政部《关于推广运用政府和社会资本合作模式有关问题的通知》(财金[2014]76号)规定,完善项目财政补贴管理。对项目收入不能覆盖成本和收益,但社会效益较好的政府和社会资本合作项目,地方各级财政部门可给予适当补贴。财政补贴要以项目运营绩效评价结果为依据,综合考虑产品或服务价格、建造成本、运营费用、实际收益率、财政中长期承受能力等因素合理确定。地方各级财政部门要从"补建设"向"补运营"逐步转变,探索建立动态补贴机制,将财政补贴等支出分类纳入同级政府预算,并在中长期财政规划中予以统筹考虑。

2. 社会资本需做到"盈利不暴利"

作为PPP模式的重要参与者、PPP项目合作的相对方,社会资本也必须对PPP模式有一个明确的认识,必须有一个合理的心理预期:不能在当前政府财政压力较大、社会公众对项目需求较大的情况下追求利润最大化,更不得追求暴利。

按照我国推出PPP模式的初衷和建立公平的市场经济秩序要求,暴利既不公平也不长久。退一步讲,社会资本企望暴利,也是不现实的:一是PPP模式下的项目多是公益类或半公益类项目,并不属于暴利性行业;即使短期内实现了暴利,也不具有持续性。如果一味追求暴利,不仅社会公众无法承担,由此前公共服务的"提供者"变身为"监管者"的政府也不会允许PPP项目的暴利。对PPP项目本身而言,追求暴利最终可能会面临失败的风险。

PPP模式复杂性的特点之一便是涉及政府、社会资本、金融机构、社会公众等各方的利益，因此协调各方利益是实施PPP项目的关键所在。社会资本投资的目的是获取利润，但PPP项目毕竟是带有公益性的项目，与其他的纯商业性项目有着本质不同。因此，针对PPP项目，作为担负社会责任的社会资本需要在投资收益方面作出平衡和理性选择。

从国外PPP模式的经验教训来看，如何平衡政府、社会资本和社会公众之间的利益，是PPP模式能否成功的关键因素。

对社会资本而言，既要实现合理回报，又要避免暴利。目前业界比较一致的观点是，PPP应采取"盈利不暴利"模式。严格来说，"盈利不暴利"模式无论对政府、社会资本还是社会公众来说都是比较公平的，完全可以做到经济效益与社会效益一致。换句话说，"盈利不暴利"模式下，PPP项目经济效益与社会效益并不相悖。研究发现，通常情况下，一个PPP项目的投资回报率每年8%~10%，大约10年左右收回投资成本。如果社会资本技术先进、管理严格、成本控制得好，项目7~8年即可收回投资成本，个别项目甚至年限更短。而一个PPP项目特许经营期长达10~30年，在收回投资后的后10~20年，社会资本属于纯收益阶段。

[案例8-1]

某轨道交通项目可以说是PPP模式下"盈利不暴利"的典范。

某轨道交通项目初始，社会资本聘请了专业的客流预测机构对地铁人流进行测算，以此与政府约定，在2010~2014年期间，若地铁人流连续3年低于预测人流，政策就需要补贴相应的费用，若人流持续高于预测人流，则政府能够从中分享一定的超额收益。

政府既要保证项目平稳运营，又要防止因客流量、票价的变化而使社会资本获得暴利。在双方的PPP合同里，政府对社会资本提供的服务水平、质量、安全保障等有细致明确的要求，对补贴也更加透明，让项目的运营和管理机制更先进，客观上促成了投资和运营效率的提升，这种"盈利不暴利"模式最终实现政府、社会资本、社会公众的多方"共赢"。

（三）供水 PPP 项目实践

[案例 8-2]

随着某县县域经济的不断发展和人民群众生活水平的不断提高，某县城镇人口将达到 15 万，居民生活用水量逐渐加大；同时随着工矿企业的不断发展，工业用水量也不断增加。目前某县供水水源主要依赖于开采浅层地下水：一方面由于近年来降雨量减少，地表径流量逐年减少，上游没有调蓄工程对径流进行有效调节，枯水期地下水得不到补充，可利用水量日益下降；另一方面，某县水资源在县域地理位置分配上的不平衡，导致用水量较大地区因水资源短缺而制约经济发展。某县工矿企业较发达，在水资源短缺的情况下，形成企业用水与人饮用水之间的尖锐矛盾，水生态环境遭受严重破坏。

为解决某县因水资源分布不均及饮用水紧张、企业用水无保证、水生态环境急剧恶化的局面，急需在下游地区通过引调水的方式对现有供水水源进行补充。同时，为加强城市供水企业管理，保证城市用水安全和供水企业的合法权益，2015 年，某县人民政府（甲方）与某环境工程公司（乙方，以下简称某公司）就某县引水、自来水迁建和河道治理工程签订特许经营协议，项目规模达 10 亿元。以下为双方签订的特许经营协议主要内容，对我国目前进行的类似 PPP 项目有较高的参考价值（节选）。

第一章　总则

甲方以特许经营权的方式出让现有的引水工程、供水工程及河道治理项目，按照政府水价补贴模式支付某公司运营费用。项目包括：一、某县城区水源建设及大引水工程：从水库引水至城区使用，规模 5 亿元；二、某县自来水厂迁扩建工程：新建 3 万 m^3/d 净水厂以及附属设施，工程预算 1 亿元；三、某县河道整治及周边开发项目：包括污染河道的整治及河道周边的土地开发，项目规模约 4 亿元。

第二章 协议的应用

第一条 各方同意本协议是乙方在特许经营期内进行项目融资、设计、建设、运营、维护、服务的依据之一,也是甲方按照本协议对乙方在特许经营期内的经营行为实施监管的依据之一。

第二条 当以下先决条件满足时,双方开始履行本协议项下义务:

(1) 融资交割完成;

(2) 甲方付款条件获得人大决议通过;

(3) 依法清产核资、产权界定、资产评估、产权登记,并依适用法律获本城市人民政府相关部门批准;

(4) 已经取得依法应当取得的其他批准文件。

第三条 甲方和乙方声明和保证如下:

(1) 双方有权签署本协议并按本协议履行义务,所有为授权其签署和履行本协议所必需的组织或公司内部行动和其他行动均已完成;

(2) 本协议构成甲方和乙方的有效、合法、有约束力的义务,按其条款依适用法律对其有强制执行力;

第四条 未经甲方书面同意,乙方不得将依本协议所取得的土地使用权用于供水工程以外的任何其他用途。

第三章 供水工程的运营与维护

第五条 在特许经营期内:

(1) 乙方享有以下权利和义务:

1) 独家向特许经营区域范围内用户供水,合法经营并取得合理回报;

2) 根据社会和经济发展的情况,保障特许经营区域范围内水厂的运行、供水管网的正常维护以及特许经营区域范围内用户供水服务;

3) 根据中国法律和本协议的要求满足用户用水水质、水量、水压、供水服务需求;

4) 履行协议双方约定的社会公益性义务;

5) 法律和本协议规定的其他权利和义务。

(2) 甲方享有以下权利和义务:

① 对乙方的供水服务进行监督检查;

②结合经济社会发展需要,制订供水服务标准和近、远期目标,包括水质、水量、水压以及维修、投诉处理等各项服务标准;

③制定年度供水水质监督检查工作方案,对乙方的供水水源、出厂水及管网水质进行抽检和年度综合评价;

④维护特许经营权的完整;

⑤法律、规章和本协议规定的其他权利和义务;

⑥按时足量的支付供水补贴。

第六条　乙方经营的大引水工程供水能力为____万 m^3/d,新建自来水工程净水能力为____万 m^3/d。

第七条　乙方应按照城市规划和供水规划的要求制定经营计划(包括供水计划、投资计划),并经甲方同意后方可实施。经营计划的修改须经甲方同意。

第八条　乙方于开始运营日起____日内向甲方呈报第一个五年和年度经营计划。每个五年计划执行到期前六个月应向甲方提交下一个五年经营计划,每年十月底以前向甲方提交下一年度的经营计划。

第九条　乙方应对取水设施、净水厂、加压泵站、主干供水管网等主要供水工程的状况及性能进行定期检修保养,并于每年____月和____月向甲方提交设施运行情况报告。

第十条　在特许经营期和特许经营权范围内,如甲方需要建造新的供水工程应由乙方实施,建设合作方式由双方根据本协议规定的原则签署补充协议。

第十一条　乙方必须保证水净化处理设备、设施满足净水工艺的要求。在净化处理各工序(车间),应配备相应的水质检测手段。

第十二条　乙方必须制定保障设备、设施正常运行及保证人身安全的技术操作规程、岗位责任制以及相关的安全制度,并负责组织实施。

第十三条　为确保乙方履行本协议的义务,在不妨碍乙方正常运营和维护项目设施的情况下,甲方的代理人或代表有权在任何时候进入供水工程用地和接近相关设备进行监督检查。

第十四条　甲方或其代理人或代表可要求乙方提供下列资料:

(1)净水和原水质量的检测分析报告;

(2)设备和机器的状况及设备和机器的定期检修情况的报告;

(3)财务报表;

（4）重大事故报告；

（5）计量器具校核证明文件；

（6）甲方认为需要提供的其他资料。

第十五条　如果乙方违反其在本协议项下运营和维护供水工程的义务，甲方可就该违反行为向乙方发出书面通知。乙方在接到上述通知后应：

（1）对供水工程设施进行必要的纠正性维护；

（2）书面通知甲方对通知内容有异议，争议按补偿与争议解决程序规定解决。

第十六条　乙方有权因启动供水应急预案而增加的合理成本向甲方提出补偿要求，甲方应选择支付补偿金，或调整水价，或延长特许经营期限给予补偿。

第十七条　乙方应按照适用法律定时向甲方提供生产以及经营的统计数据。为了核实某些情况，甲可要求乙方对供水系统的性能和运转情况提供统计资料。

第十八条　乙方应无条件地向甲方提供有关供水服务的信息和相关解释。并应按甲方的要求，在甲方或其代理人或代表在场的情况下，对设备进行试验和检测，以核实设备的实际运转状况。

第四章　收费

第十九条　乙方向公众用户供水的价格实行政府定价，乙方按照____人民政府批准的收费标准向其服务范围内的用水户收取费用。

第二十条　本协议生效日时的综合水价是每立方米____元。生活用水每立方米____元，行政事业用水每立方米____元，工业用水每立方米____元，经营服务用水每立方米____元，特种行业用水每立方米____元。

第二十一条　乙方协助甲方按照适用法律制定城市供水收费标准、收费监督政策的调整计划。调整计划作为本协议的组成部分。

第二十二条　甲方有权对乙方经营成本进行监管，并对乙方的经营状况进行评估。

第二十三条　特许经营期满，甲方授予乙方的特许经营权终止。

第二十四条　在特许经营期内，乙方有下列行为之一且在收到甲方通知后____日内未进行纠正的，甲方有权提前通知乙方提前终止本协议：

（1）擅自转让、抵押、出租特许经营权的；

（2）擅自将所经营的财产进行处置或者抵押的；

（3）擅自停业、歇业，严重影响到社会公共利益和安全的；

（4）严重违反本协议或法律禁止的其他行为。

第二十五条　在特许经营期内，乙方拟提前终止本协议时，应当提前向甲方提出申请。甲方应当自收到乙方申请的3个月内作出答复。在甲方同意提前终止协议前，乙方必须保证正常的经营与服务。

第二十六条　甲方有权在乙方没有任何违约行为的情况下提前____日通知乙方提前终止本协议，但是应按照本协议支付补偿款项。

第二十七条　在特许经营期内，如甲方严重违反本协议规定且在收到乙方通知后____日内未进行纠正，则乙方有权通知甲方提前终止本协议。

第二十八条　未经甲方书面同意的情况下，乙方不得转让其在本协议下的全部或任何部分权利和义务。

第二十九条　为安排供水工程项目融资，乙方有权依适用法律以其在本协议项下的权利给贷款人提供担保，并且为贷款人的权利和利益在供水工程用地的土地使用权、供水工程设施或供水工程和服务所需的乙方的任何其他资产和权利上设抵押、质押、留置权或担保权益。但此类抵押、质押、担保权益设置（包括此类权益设置的变更）均须取得甲方书面同意，甲方不得不合理地拒绝同意。

第五章　特许经营权终止后的移交

第三十条　如本协议提前终止，乙方应在收到甲方通知后____工作日内向甲方或其指定机构移交其全部固定资产、权利、文件和材料和档案，并确保这些固定资产和权利处于提前终止发生日的状态。乙方在未正式完成交接前，应善意履行看守职责，保障正常生产和服务。

上述PPP项目建成后，可解决县城居民饮水安全问题，保障产业聚集区、矿业经济区及农业生产用水，打破了水资源瓶颈制约，为某县经济社会可持续发展提供了有力的支撑和保障。

(四)对一例智能立体停车库项目的财务分析

近年来,随着我国汽车工业和城镇化的快速发展,城市机动车保有量不断增加,大、中、小城市相继出现了停车难和乱停车的问题,主要表现在停车需求与停车空间不足的矛盾和停车空间扩展与城市用地不足的矛盾。

智能立体停车库是近年来为解决日益严重的停车难问题而逐步发展起来的新兴产业。立体停车起源于20世纪20年代的美国,目的主要是解决大城市内停车难的问题。在日本等国土面积小、汽车数量众多的国家,立体停车设备已占据70%的市场份额,但目前我国机械式车位所占比例仅为2%~3%。目前,我国汽车保有量已突破1.7亿辆,并且以每年20%左右的速度在增长,停车位缺口超过5000万个,随着城市的发展,车位缺口将持续加剧,智慧停车设备需求庞大。

国家发改委印发了2016年停车场建设工作要点的通知,通知重点强调推动停车信息化建设,开展城市停车信息系统开发,积极推进停车数据平台建设,促进停车信息与互联网融合发展,建立基础数据库,实现停车数据动态更新、实时共享。通过充分发掘停车存量资源,为群众提供更便捷、更高效的停车引导服务。智能立体停车库在我国还属于起步阶段,除北京、上海、广州、深圳等一线城市以及部分二三线城市外,项目的投资回报率并不高,因此影响了社会资本的积极性。

某智能立体停车投资公司PPP项目团队经过调研,发现国内大多数立体停车库都是单一的服务体,仅为周边写字楼、医院等提供停车服务,完全靠收取停车费维持运营,收入来源单一,不能盈利或微盈利。此外,在项目的运营上,采取的是传统的市政用电模式,运营成本较高。于是,该PPP项目团队努力创新、刻苦攻关,在技术、创新和运营管理上下功夫,以PPP模式开展智能立体停车库项目,并以较好的设计、建设和运营方案赢得了政府部门的认可。比如在节能方面,立体停车库采取分布式光伏发电的模式,通过分布式光伏发电,一方面为立体停车库运行供电、为电能汽车充电、为其他配套服务设施供电,还可以将多余的电并网。在降低运营成本的同时,还大大节约了能源。此外,智能立体停车库还包括新能源汽车充电桩等能够带来较多现金流的项目。

以下是某智能立体停车投资公司以BOT模式与政府合作的一个项目,通过财务分析可以对项目的建设和创新有一个较全面的了解。

[案例8-3]

某智能立体停车库项目总投资约3500万元,共新建立体停车库三座,共包括立体停车位700个,采取BOT模式合作,本PPP项目按照"停车费收取+定额补贴模式"支付社会资本投资、建设及运营费用。以其中一个项目为例进行财务分析:

1. 财务估计

(1)项目计算期。项目计算期按26年计算,其中建设期1年,生产经营期25年。

(2)利息计算。项目利率按人民币贷款五年以上基准利率上浮20%计算,即5.88%(4.9%×1.2),借款期限10年,按年度等额本息还款。同时假设在建设期内均匀借款,即建设期利息按50%计算。

(3)税金

1)所得税:根据《中华人民共和国企业所得税法》(中华人民共和国主席令第63号)企业所得税的税率为25%。

此外,太阳能光伏发电企业符合《企业所得税法实施条例》第八十七条及《公共基础设施项目企业所得税优惠目录》(财税[2008]116号)"由政府投资主管部门核准的太阳能发电新建项目",自项目取得第一笔生产经营收入所属年度起,第一至第三年免征所得税,第四年至第六年减半征收企业所得税。由于本项目光伏发电收入较低,且为兼营项目,暂不予考虑。

2)增值税:《财政部国家税务总局关于全面推开营业税改征增值税试点的通知》(财税[2016]36号)不动产租赁服务按11%缴纳增值税。

《中华人民共和国增值税暂行条例》(国务院令第538号)规定,销售电力产品按17%缴纳增值税。另根据《财政部国家税务总局关于光伏发电增值税政策的通知》(财税[2013]66号),自2013年10月1日至2015年12月31日,国家电网公司所属企业应按发电户销售电力产品应纳税额的50%代征增值税税款。由于优惠期已过,新优惠政策尚未出台,本项目按无优惠政策考虑。

3）附加税:按照增值税的一定比例计算,城市建设维护税7%,教育费附加3%,地方教育费附加2%。

（4）固定资产折旧年限及其他费率估计

折旧年限按照实际运营年限25年计算,由于项目结束后固定资产将全部移交,因此净残值为0元。

年大修理及日常维护费:按项目总投资额×1.10%计算。

管理费用等其他费用综合费率按营业成本的15%计算。

财务基准收益率

财务基准收益率是项目财务内部收益率指标的基准和依据,是项目在财务上是否可行的基本要求,也用作计算财务净现值的折现率。根据本项目的特点,并考虑一定的风险溢价,本项目的财务基准收益率取6%。

2. 项目投资估计

按照项目方案估计的投资明细见表8-1。

表8-1

序号	项目	规模		造价		合计	比例（%）
		建设规模	单位	单价	单位		
一	建安费					542.55	63.67%
1	立体车库主体工程	600.00	m²	—	—	481.40	56.50%
2	配套用房	15.00	m²	2000.00	元/m²	3.00	0.35%
3	道路及场地硬化工程	1605.00	m²	250.00	元/m²	40.13	4.71%
4	室外管线及照明	1605.00	m²	50.00	元/m²	8.03	0.94%
5	围墙及大门	—		—		10.00	1.17%
二	设备费					163.80	19.22%
1	光伏发电设备	1.00	套	1000000.00	元/套	92.80	10.89%
2	充电桩	20.00	台	5000.00	元/台	10.00	1.17%
3	车辆管理系统	1.00	套	100000.00	元/套	10.00	1.17%
4	配电设备	1.00	套	400000.00	元/套	40.00	4.69%
5	办公设备	1.00	套	50000.00	元/套	5.00	0.59%
6	消防设备	2.00	套	20000.00	元/套	4.00	0.47%
7	取暖设备	1.00	套	20000.00	元/套	2.00	0.23%

八、探索 PPP 模式创新

续表

序号	项目	规模		造价		合计	比例（%）
		建设规模	单位	单价	单位		
三	其他费用					145.73	17.10%
1	前期咨询费	—	—	—	—	16.24	1.91%
2	市政设施配套费	1620.00	m²	20.00	元/m²	3.24	0.38%
3	建设单位管理费	706.35	万元	1.50%	—	10.60	1.24%
4	工程监理费	706.35	万元		—	15.22	1.79%
5	勘察设计费	706.35	万元		—	28.64	3.36%
6	环境评价费	—		—	—	5.00	0.59%
7	招投标代理费	706.35	万元	0.55%	—	4.93	0.58%
8	联合试运转费	706.35	万元	0.05%	—	0.35	0.04%
9	预备费	706.35	万元	8.00%	—	56.51	6.63%
10	铺底流动资金		万元			5.00	0.59%
	总计					852.08	100.00%

按照财税 [2016]36 号文件规定房屋建筑物从 2016 年 5 月 1 日起可抵扣进项税，抵扣后实际入账固定资产金额为 790.31 万元，具体明细见表 8-2。

表 8-2

	实际投入资金	进项税额	入账金额
建安费	542.55	53.77	488.78
设备费	163.80	23.80	140.00
其他费用	145.73	4.24	141.49
资本化利息	20.04	—	20.04
合计	877.12	81.81	790.31

（1）营业收入估计

据项目现场踏勘，停车泊位可达到 156 个。假设停车场利用率为 50%，车辆周转率为 3 次/天，平均每次停车收费为 3 元，则停车泊位出租收入为 $156 \times 50\% \times 3 \times 3 \times 365/10000 = 25.62$ 万元/年。

光伏电板共计铺设 77.385kW，按照每瓦一年发一度电，每度电上网电价 0.4 元，政府补贴 0.6 元计算，光伏发电收入为 $77385 \times (0.4 + 0.6)/10000 = 7.74$

万元/年。具体明细见表 8-3。

表 8-3

	数量	使用效率	单价	总价（万元）	税率	税额	不含税价
停车泊位出租收入	156	142%	3.00	25.62	11%	2.82	22.80
光伏发电收入	77,385	100%	1.00	7.74	17%	1.32	6.42
营业收入合计				33.36		4.13	29.23

（2）营业成本估计

生产成本是建设项目投产运行后一年内的生产营运而花费的全部成本，包括外购原材料、燃料和动力、工资及福利费（按3万元/人，共6人计算）、维修费和折旧费等。停车泊位及光伏发电均无外购原材料，其他成本明细见表 8-4。

表 8-4

项目	金额	备注
燃料及动力	1.70	水电消耗
职工薪酬	18.00	含操作、维修等员工工资及福利
修理费	9.37	维护费、备件备品费等
折旧费	31.61	
营业成本合计	60.68	

此外由营业成本 15% 估计的差旅费、业务招待费等管理费用为 60.68×15%=9.10 万元/年。

（3）税金及附加估计

由营业收入表可知年销售需缴纳的增值税销项税额为 4.13 万元，在投资活动中取得的可抵扣进项税额为 81.81 万元，在 25 年经营期内产生的销项税额不足抵扣该笔进项税，故本项目中不产生营业税金及附加。

（4）利息费用估计

我们预计初始投资额 80% 为贷款，即贷款总额为 852.08×0.8=681.67 万元。按照年利率 5.88%，11 年期（第一年均匀借贷，故按 0.5 年计算）等额本息还款方式计算的还款数额见表 8-5。

表 8-5

项目	数额
年利率	5.88%
还款期限（年）	10.5
贷款总额	681.67
年还款额（本金+利息）	88.84
还款总额	932.86
支付利息总额	250.58

年度明细见表 8-6。

表 8-6

	0	1	2	3	4	5
支付银行利息	20.04	38.65	35.70	32.57	29.26	25.76
支付银行本金	24.38	50.20	53.15	56.27	59.58	63.08
本息合计	44.42	88.84	88.84	88.84	88.84	88.84
	6	7	8	9	10	合计
支付银行利息	22.05	18.12	13.96	9.56	4.90	250.58
支付银行本金	66.79	70.72	74.88	79.28	83.94	682.28
本息合计	88.84	88.84	88.84	88.84	88.84	932.86

3. 财务评价

（1）内含报酬率分析

内含报酬率是指能够使未来现金流入量现值等于未来现金流出量现值的折现率，或者说是使投资项目净现值为零的折现率。它是根据项目的现金流量计算的，是项目本身的投资报酬率。

为保证项目内含报酬率达到 6%（即至少高于银行利率 5.88%），在既定的收入成本情况下，政府补贴收入需至少达到 85 万元。在此前提下，项目财务净现值为 6.75 万元（资本成本为 6%），内含报酬率为 6.15%。

（2）会计报酬率分析

会计报酬率=年平均净收益/原始投资额×100%

项目年均净收益为 26.42 万元，随着贷款的逐渐偿还，所支付的利息逐年减少，销售净利率逐年增加，运营期内平均销售净利率为 23.13%，项目的会计报酬率为 3.10%。

（3）盈亏平衡点分析

盈亏平衡点是指全部销售收入等于全部成本时（销售收入线与总成本线的交点）的产量。以盈亏平衡点的界限，当销售收入高于盈亏平衡点时企业盈利，反之企业就亏损。

由利润表可知，由于支付利息逐年减少，净利润逐年增加。在其他因素不变的情况下，当政府补贴低于 80 万元时，会出现单个年度亏损情况，此时 25 年净利润合计为 566.63 万元，内含报酬率为 5.17%；当政府补贴低于 49.78 万元时，25 年净利润合计为 0 万元，内含报酬率为 -0.93%，该项目不再具有投资价值。

九、解读PPP模式重点领域

聚焦PPP——公私合营模式深度解读

自2014年以来,国家大力推广PPP模式,鼓励政府和社会资本在交通运输、能源、环境保护、市政工程、养老、医疗、文化、旅游等基建设施和公共服务领域开展密切合作。

无论是从财政部公开的PPP示范项目还是各省推荐的PPP项目以及实践来看,交通、环保、海绵城市建设、地下综合管廊建设等都是当下PPP领域建设的热点,在PPP行业占有一席之地。

(一)交通 PPP 市场前景广阔

自 2014 年以来,国家大力推广 PPP 模式,鼓励政府和社会资本在交通运输、能源、环境保护、市政工程、养老、医疗、文化、旅游等基建设施和公共服务领域开展密切合作。在我国经济进入缓增长、地方政府财政困难、急需发展交通的大背景下,PPP 成为解决我国交通设施不足的重要模式。

1. 未来交通总投资规模以万亿计

《国家新型城镇化规划(2014～2020)》明确要"加强市政公用设施和公共服务设施建设,增加基本公共服务供给",并提出"优先发展城市公共交通"的要求。以近年来快速发展的轨道交通为例,按目前我国城市轨道交通建设每公里造价平均 5 亿～7 亿元推算,"十三五"期间城市轨道交通总投资规模将超过 2.2 万亿元。国家发展改革委、交通部联合印发的《交通基础设施重大工程建设三年行动计划》提出,2016～2018 年,拟推进铁路、公路、水路、机场、城市轨道交通项目 303 项,涉及项目总投资约 4.7 万亿元。

2. 交通设施成为 PPP "盛宴"一道大菜

从财政部公布的已签约的 PPP 项目来看,交通设施投资额占据相当大的比例,交通设施成为 PPP "盛宴"中重要的一道大菜。

2014 年 11 月,财政部首批 30 个 PPP 示范项目清单,总投资规模约 1800 亿元,项目集中在污水处理、轨道交通等领域。从行业领域来看,30 个项目集中在污水处理(9 个)、轨道交通(7 个)、供水(3 个)、供暖(3 个)领域。2015 年 9 月,财政部确定了北京市兴延高速公路项目等 206 个项目作为第二批 PPP 示范项目,总投资金额 6589 亿元。从项目领域来看,第二批 PPP 示范项目主要集中在水务、交通、市政等领域。截至 2015 年 6 月,各省市级地方政府共推出总额约为 2 万亿元的 PPP 项目,从已公布投资额的未签约项目中,交通设施占比高达 78%,此外,社会事业占比 17%,污水处理占比 4%,

其他则为电力工程、天然气管道、垃圾处理、水利工程等。

财政部PPP综合信息平台统计，截至2016年6月30日，全部入库项目9285个，总投资额10.6万亿元。其中，市政工程、交通运输、片区开发3个行业项目居前三位，合计超过入库项目的一半。具体而言，交通运输行业共1132个项目，总投资额3.3万亿元。其中，一级公路、高速公路、其他、二级公路4个二级行业的项目分别为268个、220个、125个、125个，占交通运输项目总数的65.2%；投资额方面，高速公路、一级公路、铁路（不含轨道交通）3个二级行业的投资额分别为1.8万亿元、5072亿元、3269亿元，占交通运输项目总投资额的78.6%。

3. 交通PPP存在的问题

研究发现，虽然我国交通PPP发展较快，但仍存在诸多问题。

（1）对交通PPP理解不深。部分地方政府对于交通PPP模式认识不够全面，只是把PPP作为一种融资的手段，对PPP提高运营效率和服务质量认识程度不够。

（2）盈利模式单一。对比世界上发达国家和地区成功的交通PPP项目，都有一个典型的特点，即通过PPP项目带动周边土地增值收益、商业经营收益和物业开发收益等，盈利渠道多，盈利空间大。当下我国一些交通PPP项目在操作经验上不够成熟，盈利模式也较为单一，实际运作中亏损比较严重，因此社会资本参与交通PPP的积极性不够。

2014年12月28日，北京地铁涨价宣告"地铁2块钱随便坐"的时代正式结束。北京地铁涨价的同时，地铁运营严重亏损的现实也受到关注：由于亏损，每年政府补贴高达40亿元。从2007年到2013年，政府共补贴北京地铁运营公司221亿元。

反观"世界上唯一盈利的地铁公司"，香港地铁公司则是多国学习和研究的榜样。来自港铁的财务数据显示，从1992年开始，香港地铁即开始盈利。香港铁路中国事务首席执行官易珉认为，这得益于港铁创造的独特模式——"轨道交通＋物业"模式，其核心在于城市轨道交通建设的同时，由于地铁提供出行方便并提升地价，提升后土地价值的一部分通过物业开发回收，以补贴地铁建设资金缺口。政府不用补贴地铁，还可从沿线土地开发收取地价，最终实现了"政府、社会、企业"的三赢。

[案例 9-1]

北京地铁 4 号线是我国城市轨道交通领域首个成功的 PPP 项目。

2006 年 4 月，北京市政府与京港公司签订了北京地铁 4 号线项目的《特许协议》《资产租赁协议》，自此国内首个 PPP 地铁项目诞生。项目采用 PPP 模式，全长 28.2km，24 座车站，总投资 153 亿元。

北京地铁 4 号线工程投资建设分为 A、B 两个相对独立的部分：A 部分为洞体、车站等土建工程，投资额约为 107 亿元，约占项目总投资的 70%，由北京市政府国有独资企业京投公司成立的全资子公司四号线公司负责；B 部分为车辆、信号等设备部分，投资额约为 46 亿元，约占项目总投资的 30%，由 PPP 项目公司北京京港地铁有限公司（简称"京港地铁"）负责。京港地铁是由京投公司、香港地铁公司和首创集团按 2：49：49 的出资比例组建。4 号线项目竣工验收后，京港地铁通过租赁取得四号线公司的 A 部分资产的使用权。京港地铁负责 4 号线的运营管理、全部设施（包括 A 和 B 两部分）的维护和除洞体外的资产更新，以及站内的商业经营，通过地铁票款收入及站内商业经营收入回收投资并获得合理投资收益。30 年特许经营期结束后，京港地铁将 B 部分项目设施完好、无偿地移交给市政府指定部门，将 A 部分项目设施归还给四号线公司。2010 年、2011 年，北京市发改委和国家发改委分别对北京 4 号线 PPP 项目进行了评价，"引入社会投资有效缓解了北京市政府的投资压力"。

京港地铁的盈利主要来自两个方面，一是公司内部高效管理和成本控制；二是客流量大幅增长为公司带来超预期收益。北京地铁 4 号线的建设与运营是 PPP 运作模式较为成功的样本案例之一。按照传统模式投资，北京市政府的财政支出总额大约是 600 多亿元，利用 PPP 模式让北京市政府减少了财政支出约 100 亿元。

在有了北京地铁 4 号线这个 PPP 项目样本后，地铁 14 号线、16 号也被纳入 PPP 项目库。与地铁 4 号线相同，地铁 14 号线依然将地铁进行分割投资，全部建设内容被分为 A、B 两部分。A 部分主要包括征地拆迁、洞体、车站等土建内容，由政府方负责投资；B 部分主要包括车辆、通信、信号等设备投资内容，由社会投资者负责。30 年后将地铁归还给政府，且 B 部分"有一定盈利空间"。

（二）环保 PPP 市场快速发展

在经过多年粗放式的高速发展后，我国的污染问题集中暴露，大气、水、土壤污染事件不断发生，环境污染问题成为当下国家和公众最为关注的焦点问题之一。

1. 我国环保形势严峻

从大气主要污染物排放情况看，2014年二氧化硫、氮氧化物排放量分别为1974万吨和2078万吨。近20年间我国PM2.5数值提升了26%，到2013年年平均浓度已到达54.3$\mu g/m^3$，为世界最高值。水资源是一种宝贵的战略资源，目前我国水资源严重短缺、污染严重、重复循环利用率偏低。我国三分之二的城市处于缺水状态，100多座城市严重缺水。我国年平均水污染事件达1700起以上。全国大多数城市工业用水浪费严重，平均重复利用率只有30%~40%。

"十三五"时期是我国全面建成小康社会的关键时期，也是深化创新发展、协同发展及绿色发展的重要时期，但"十三五"时期环境保护面临的形势更为复杂，主要挑战有：

（1）党的十八大提出到2020年我国将基本实现工业化，国家新型城镇化规划提出到2020年我国城镇化率将达到60%。工业化和新型城镇化进程的推进带来的污染排放新增压力将处于高位水平。

（2）旧的环境质量恶化趋势虽然得到一定遏制，但新的环境问题依旧突出，PM2.5、VOCS等新老环境污染问题突发。

（3）环境管理交叉现象严重，系统性的环境保护法规、体制、机制尚未形成。此外，环境保护的政策法规在少数地方得不到坚决有效执行。

2. 国家倡导社会资本介入环境治理

自2014年以来，从中央到地方各级政府重点推广PPP模式，国务院、财政部、国家发改委等先后推出60余项政策，鼓励政府和社会资本在交通运输、环境保护、市政工程等公共服务领域合作。

对此，无论是国企、民企、外资还是混合所有制企业，纷纷将目光瞄准环保 PPP 市场。

需要说明的是，环保 PPP 市场一个突出的现象是国内大型企业加快进入环保 PPP 领域。近年来，受国家经济政策调整和环保行业快速发展的影响，一系列大型央企、国企以及各省的钢铁、机械、工程集团等加速挤进环保行业的步伐。这些大型企业集团依靠强大的资金、雄厚的技术和丰富的经验大力开拓环保 PPP 市场。

研究发现，自 PPP 模式大力推广以来，一些国企借力 PPP 模式实现公司业务的转型。如此前很多擅长工程建设且以 BT（建设—移交）模式进行市政建设的国企，正通过 PPP 模式大力拓展环保项目，努力实现自身业务结构的调整和转型。

3. 环保 PPP 的特点

目前广泛推广的 PPP 模式中，PPP 项目的主要应用领域有交通运输、环保、市政工程等领域。与交通运输、市政工程相比，环保 PPP 有以下特点：

（1）公益性强，涉及领域广。通常情况下，环境保护领域涉及大气、水、土壤等多个介质与要素，且与社会公众生活息息相关，具有很强的公益性。

（2）市场化能力较强。《中国环境报》报道称，世界银行曾根据潜在市场竞争能力、设施所提供服务的消费特点、收益潜力、公平性和环境外部性等指标，定量分析了城市污水和垃圾处理相关环节的市场化能力指数。当指数为 1 时，表示市场化能力很差，不宜让私人部门参与；当指数为 3 时，市场化能力最好，完全可以由私人部门完成。结果表明，垃圾收集的市场化能力最好，为 2.8；污水分散处理为 2.4；污水集中处理和垃圾卫生处理为 1.8～2.0。

（3）技术性强。环保 PPP 市场起点较高，其建设和运维等受工艺技术影响十分明显，技术专业化程度要求高。未来随着环保行业的快速发展，技术性的环保企业将占据明显优势。

4. 我国环保产业进入黄金期，环保 PPP 既有挑战也有机遇

在环保形势异常严峻、国家大力推广 PPP 的背景下，我国环保产业进入

发展的黄金期。不过,激烈的市场竞争中,既有难得的发展机遇,也有严峻的挑战。

(1)低价恶性竞争是阻碍环保PPP发展一道门槛。按照财政部2014年12月下发的《关于印发政府和社会资本合作模式操作指南(试行)的通知》(财金[2014]113号),规范政府和社会资本合作模式(PPP)项目识别、准备、采购、执行、移交各环节操作流程,并对PPP项目采购方式作出详细规定,应按照《中华人民共和国政府采购法》及相关规章制度执行,采购方式包括公开招标、竞争性谈判、邀请招标、竞争性磋商和单一来源采购。项目实施机构应根据项目采购需求特点,依法选择适当采购方式。

政策要求PPP项目需要竞标。然而,部分社会资本在参与PPP项目竞标中却演变成一种恶性竞争。自2015年起,有关环保产业如污水处理服务费不断曝出低价竞标的现象。如2016年2月,吸引多家水务名企参与竞标的某污水处理厂PPP项目,最终花落环保产业的"门外汉"某钢铁集团。某钢铁集团中标的重要原因之一就是报价低,其0.727元/m^3的单价报价比最高报价1.660元/m^3的一半还要少,有参与竞标的人士称,0.727元/m^3的报价已经低于成本价,而其6.80亿元的总投资报价比最高者11.73亿元少了4.93亿元。实践中,部分社会资本抱着"先低价拿下项目,后面再要求提价"的心态"抢"PPP项目,个别社会资本为了中标搞没有底线的恶性竞争,扰乱了市场竞争的正常秩序,是一种典型的"劣币驱逐良币"。低价竞标后会给项目带来一系列不可控制的风险,如建设或运营后期向业主提价、运营过程中排放不达标甚至出现烂尾工程等,这不利于PPP模式的推广。

(2)环保PPP市场为社会资本提供巨大机遇

环保产业作为近年来快速发展的板块,整体发展强劲。2015年,国家要"把节能环保产业打造成新兴的支柱产业"。2016年,国家要"把节能环保产业培育成我国发展的一大支柱产业"。而在"大气十条"、"水十条"、"土壤十条"三个"十条"以及PPP等新模式的推进下,"十三五"环保市场潜力巨大,总的社会投资有望达到17万亿元。

环保盛宴已经开启,万亿环保PPP市场为社会资本提供了巨大的机遇。

(三)"海绵城市"建设掀起热潮

近年来,我国城市涝灾不断发生,"城市看海"的现象一再上演,而城市水资源严重缺乏、水环境污染不断恶化。因此,借鉴发达国家先进的模式和技术,实现地表水资源、污水资源、生态用水、自然降水、地下水等统筹管理、保护及利用成为当下必然的选择。

"海绵城市"上升为国家重点推进的战略。所谓"海绵城市",是指把城市建设得像一块海绵,在下大雨时候,能下渗、能滞留、能蓄存、能净化水。在没有降雨的时候可以把水放出来,可用可排。海绵城市是新一代城市雨洪管理概念。国际通用术语为"低影响开发雨水系统构建"。

1. 我国大力倡导建设"海绵城市"

在2013年12月12~13日中央城镇化工作会议上,习总书记首次提出要大力建设自然积存、自然渗透、自然净化的"海绵城市"理念。

2014年10月,住建部发布的《海绵城市建设技术指南》(建城函[2014]275号)将"海绵城市"描述为"城市能够像海绵一样,在适应环境变化和应对自然灾害等方面具有良好的'弹性',下雨时吸水、蓄水、渗水、净水,需要时将蓄存的水'释放'并加以利用。"

2015年8月,水利部发布《水利部关于印发推进海绵城市建设水利工作的指导意见的通知》(水规计[2015]321号,"水利部通知"),对海绵城市的建设工作原则与要求做了详细的规定,并强调构建"格局合理、蓄泄兼筹、水流通畅、环境优美、管理科学"的海绵城市建设水利保障体系,实现"实现城市雨水径流源头减排、分散蓄滞、缓释慢排和合理利用"。

2015年10月,《国务院办公厅关于推进海绵城市建设的指导意见》(国办发[2015]75号)提出"海绵城市是指通过加强城市规划建设管理,充分发挥建筑、道路和绿地、水系等生态系统对雨水的吸纳、蓄渗和缓释作用,有效控制雨水径流,实现自然积存、自然渗透、自然净化的城市发展方式。"

2. 海绵城市效用高

海绵城市建设是一项系统工程，主要解决三个方面问题：一是城市防洪防涝标准明显提高，减少洪涝的灾害；二是提高城市水资源的保障能力；三是改善水环境和水生态。根据《海绵城市建设技术指南》，海绵城市建设要以城市建筑、小区、道路、绿地与广场等建设为载体。比如让城市屋顶"绿"起来，"绿色"屋顶在滞留雨水的同时还起到节能减排、缓解热岛效应的功效。道路、广场可以采用透水铺装，特别是城市中的绿地应充分"沉下去"。

不仅如此，海绵城市的建设还具有成本上的优势。美国环保署在2008年对美国境内16个海绵城市建设项目进行了研究，以海绵城市为核心的道路建设相较于传统的开发方案占约25%的成本优势。

《国务院办公厅关于推进海绵城市建设的指导意见》（国办发[2015]75号），提出通过海绵城市建设，综合采取"渗、滞、蓄、净、用、排"等措施，最大限度地减少城市开发建设对生态环境的影响，将70%的降雨就地消纳和利用。到2020年，城市建成区20%以上的面积达到目标要求；到2030年，城市建成区80%以上的面积达到目标要求。

3. 我国大力开展海绵城市建设

2014年底，建设部、财政部、水利部等有关部委组织海绵城市建设规划和试点建设，130多个城市申请海绵城市的建设，最后有16个城市列入海绵城市试点，分别是：迁安（河北）、白城（吉林）、镇江（江苏）、嘉兴（浙江）、池州（安徽）、厦门（福建）、萍乡（江西）、济南（山东）、鹤壁（河南）、武汉（湖北）、常德（湖南）、南宁（广西）、重庆、遂宁（四川）、贵安新区（贵州）和西咸新区（陕西）。

根据财政部、住房城乡建设部、水利部《关于开展中央财政支持海绵城市建设试点工作的通知》（财建[2014]838号）和《关于开展2016年中央财政支持海绵城市建设试点工作的通知》（财办建[2016]25号），财政部、住房城乡建设部、水利部组织了2016年中央财政支持海绵城市建设试点城市评审工作。根据竞争性评审得分，排名在前14位的城市进入2016年中央财政支持海绵城市建设试点范围，名单如下（按行政区划序列排列）：北京市、天津市、大连市、上海市、宁波市、福州市、青岛市、珠海市、深圳市、三亚市、玉溪市、庆阳市、西宁市和固原市。

在政府指导和政策指引下，我国各地掀起建设海绵城市的高潮。如江苏省计划到 2017 年，13 个省辖市都将建成一处有一定规模的综合性海绵城市示范区。到 2020 年，各市 20% 以上建成区将成为海绵城市，2030 年，"海绵"比例扩大到 80% 的建成区。

4. 以 PPP 模式建设海绵城市成功案例

在国家大力推广建设海绵城市的背景下，国内涌现出一批以 PPP 模式操作的海绵城市建设案例。以下是其中一例典型案例。

[案例 9-2]

2015 年 3 月，广西南宁"海绵城市"试点项目——竹排江上游植物园段（那考河）PPP 项目采购工作正式完成，标志着广西首个采用 PPP 模式建设项目正式落地。那考河流域治理项目范围全长约 6.6 公里，建设内容包括河道整治、截污治理、生态修复、污水处理厂、沿岸景观、海绵城市、信息化管理等工程，项目引入流域治理和"海绵城市"建设理念。

项目总投资约 10 亿元，合同期限为 10 年，其中建设期两年。项目进入运营期以后，按季定期支付流域治理服务费。那考河河道治理的一个突出特点即"按效付费"，在特许经营交易顾问与技术顾问的协作下，该项目在项目协议及附件中制定了包括水质、水量、防洪标准这三类绩效指标。针对各运营维护工作和监控断面共设置了 103 项考核指标，确保考核公正有效。协议约定政府每季度按当前绩效考核结果向项目公司支付一次流域治理服务费；若部分指标未能完全达标，则依据项目协议约定扣款。作为 2015 年全国首个落地的流域治理 PPP 项目、广西首个 PPP 项目，那考河项目集城市河道治理按效付费、PPP 模式、海绵城市设施、黑臭水体整治以及国内首个竞争性磋商项目于一体，项目对于创新环境治理模式具有重要的示范意义。

（四）"PPP+地下综合管廊"成关键词

地下综合管廊又叫综合管沟或共同沟，是通过将电力、通信、给水、供热、燃气等两种以上的管线集中设置到道路以下的同一地下空间而形成的一种现代化、科学化、集约化的城市基础设施。

追溯地下综合管廊的历史，其在发达国家已建有几百年。世界上第一条地下综合管廊于1833年在巴黎建设，已经持续运行了近200年。1861年，英国开始建设地下综合管廊。1890年，德国也开始建设地下综合管廊。

1. 地下综合管廊优点多

地下综合管廊具有准公共产品的属性，表面上看虽然电力、通信、给水、燃气、供热等各管线单位是地下综合管廊直接使用者，但最大受益者是社会公众。因为随着地下综合管廊的建设，将大大减少"蜘蛛网"和反复开挖的"马路拉链"工程，确保道路交通通畅，为社会公众的生活带来便利。

与传统管线铺设方式相比，地下综合管廊具有明显优势：

（1）节省稀缺城市用地，有利于城市地下空间的合理规划利用，使土地利用更加集约化。

（2）避免传统直埋方式下因管线扩容、维修等反复开挖道路造成的交通堵塞、社会公众出行不便以及额外施工浪费。不仅如此，还可以延长管线的使用寿命，降低管线的运营和维护成本，从长期来看经济效益明显。

（3）实现统一信息系统和智慧化管理，增强城市防灾抗灾能力，还可改善城市环境。

（4）地下综合管廊投资规模大、运维周期长，能够带动有效投资，打造经济发展新动力。如果我国每年建设8000公里管廊，每公里管廊造价按1.2亿元估算，仅仅地下综合管廊的建设每年能带动1万亿元的投资。

2. 我国没有大规模建设地下综合管廊的原因

地下综合管廊虽然具有明显的经济效益和社会效益，在我国发展也有二十多年的历史，但并没有大规模的建设，主要原因有：

（1）建设资金巨大。与传统的地埋式相比，地下综合管廊前期往往需要投入大量建设资金，地下综合管廊前期一次性建设费用比传统直埋形式的建设成本高出近一倍。

（2）项目缺乏法律监管，管理单位入廊协调难度大。地下综合管廊要求管线能够统一规划、统一建设、统一管理。目前我国在法律监管上对于地下综合管廊成本分摊、费用收取等与管廊运营直接相关的重要问题都没有规定，也没有强制规定要求管线单位必须采用公共管廊埋线，造成入廊困难，投资者回报难以保障。此外，地下综合管廊内铺设有各种市政管线，而各管线分属不同使用单位，协调难度大。

（3）社会资本投资回报期长。如上所述，地下综合管廊建设前期需要投入大量资金，动辄数十亿甚至上百亿元，而投资回报主要是依靠使用者付费，即向电、气、水等运营企业收取的租用费。如果租用费过高，入廊单位没有动力入网。如果租用费过低，费用又不足以覆盖社会资本投资。

3. 国家鼓励建设地下综合管廊

地下综合管廊具有很强的外部性，需要由政府牵头发起项目。自2015年以来，我国针对地下综合管廊的支持文件不断出台，地下综合管廊进入快速发展期。2015年1月4日，财政部、住建部《关于组织申报2015年地下综合管廊试点城市的通知》；2015年6月1日，财政部、住建部关于印发《城市管网专项资金管理暂行办法》的通知（财建[2015]201号）；2015年11月26日，发改委、住建部《关于城市地下综合管廊实行有偿使用制度的指导意见》（发改价格[2015]2754号）；2016年2月16日，财政部、住建部《关于开展2016年中央财政支持地下综合管廊试点工作的通知》（财办建[2016]21号）；2016年3月24日，财政部、住建部《关于印发城市管网专项资金绩效评价暂行办法的通知》（财建[2016]52号）。

2015年7月28日，国务院总理李克强主持召开国务院常务会议，部署推进城市地下综合管廊建设。会议指出，针对长期存在的城市地下基础设施落后的突出问题，要从我国国情出发，借鉴国际先进经验，在城市建造用于集中敷设电力、通信、广电、给水排水、热力、燃气等市政管线的地下综合管廊，作为国家重点支持的民生工程。值得注意的是，会议确定要创新投融资机制，在加大财政投入的同时，通过特许经营、投资补贴、贷款贴息等方式，鼓励社会资本参与管廊建设和运营管理。入廊管线单位应交纳适当的入廊费和日常维护费，确保项目合理稳定回报。

2015年8月10日，国务院办公厅印发《关于推进城市地下综合管廊建设的指导意见》(国办发[2015]61号)部署推进城市地下综合管廊建设工作。《指导意见》从统筹规划、有序建设、严格管理和支持政策等四方面提出了十项具体措施，包括编制专项规划、完善标准规范、划定建设区域、明确实施主体、确保质量安全、明确入廊要求、实行有偿使用、提高管理水平、加大政府投入、完善融资支持等，目标是到2020年建成一批具有国际先进水平的地下综合管廊并投入运营。

根据《关于开展中央财政支持地下综合管廊试点工作的通知》(财建[2014]839号)，中央财政对地下综合管廊试点城市给予专项资金补助，一定三年，具体补助数额按城市规模分档确定，直辖市每年5亿元，省会城市每年4亿元，其他城市每年3亿元。对采用PPP模式达到一定比例的，将按上述补助基数奖励10%。

4. 以PPP模式建设地下综合管廊

在我国经济步入缓增长、政府财政压力加大、地下综合管廊建设前期需要投入大量资金以及国家大力倡导PPP模式的大背景下，以PPP模式建设地下综合管廊成为现实的选择。

2015年4月，财政部、住房城乡建设部公布了2015年地下综合管廊试点城市名单，包括包头、沈阳、哈尔滨、苏州、厦门、十堰、长沙、海口、六盘水、白银等十个城市。六盘水市地下综合管廊是2015年首批综合管廊试点十大城市之一。贵州六盘水等地下综合管廊试点城市的PPP项目有着成功的实践。六盘水市中心城区地下综合管廊规划设计方案于2015年4月通过了财政部、住房城乡建设部组织的竞争性评审。六盘水地下综合管廊项目共39.69

公里，项目采用 PPP 模式建设运营，总投资 29.94 亿元，其中中央财政专项补助 9 亿元，项目建设期为 2 年，试运营期一年。

《关于推进城市地下综合管廊建设的指导意见》（国办发 [2015]61 号）鼓励由企业投资建设和运营管理地下综合管廊，鼓励社会资本组建项目公司参与城市地下综合管廊建设和运营管理，优化合同管理，确保项目合理稳定回报。《指导意见》明确了入廊要求和有偿使用原则，已建设地下综合管廊的区域，该区域内的所有管线必须入廊；既有管线应根据实际情况逐步有序迁移至地下综合管廊。入廊管线单位应向地下综合管廊建设运营单位交纳入廊费和日常维护费，具体收费标准要统筹考虑建设和运营、成本和收益的关系，由地下综合管廊建设运营单位与入廊管线单位根据市场化原则共同协商确定。在地下综合管廊运营初期不能通过收费弥补成本的，地方人民政府酌情给予必要的财政补贴。

在国家法律、法规和政策等多方支持下，大量社会资本将涌入地下综合管廊项目，地下综合管廊建设将迎来投资建设的高峰，并将在全国铺开。

附 录

聚焦PPP——公私合营模式深度解读

附录1：我国PPP法律、法规和政策（部分）

针对中央、各地不断出台的有关PPP法律、法规和政策，我国PPP法律、法规和政策主要有：

一、国务院发布

1. 《关于鼓励支持和引导个体私营等非公有制经济发展的若干意见》（2005-2-19）。
2. 《关于鼓励和引导民间投资健康发展的若干意见》（2010-5-7）。
3. 《关于加强城市基础设施建设的意见》（2013-9-6）。
4. 《关于进一步促进资本市场健康发展若干意见》（2014-5-8）。
5. 《关于加强地方政府性债务管理的意见》（2014-9-26）。
6. 《关于创新重点领域投融资机制鼓励社会投资的指导意见》（2014-11-16）。
7. 《关于促进服务外包产业加快发展的意见》（2014-12-24）。
8. 《关于做好政府向社会力量购买公共文化服务工作意见的通知》（2015-5-5）。
9. 《关于妥善解决地方政府融资平台公司在建项目后续融资问题意见的通知》（2015-5-11）。
10. 《关于在公共服务领域推广政府和社会资本合作模式指导意见的通知》（2015-5-19）。
11. 《关于促进社会办医加快发展若干政策措施的通知》（2015-6-11）。
12. 《关于印发推进财政资金统筹使用方案的通知》（2015-6-16）。
13. 《关于推进城市地下综合管廊建设的指导意见》（2015-8-3）。
14. 《关于调整和完善固定资产投资项目资本金制度的通知》（2015-9-9）。
15. 《关于推进海绵城市建设的指导意见》（2015-10-11）。
16. 《关于推进医疗卫生与养老服务相结合指导意见的通知》（2015-11-18）。

二、部委发布

（一）财政部（或联合其他部门）发布

1.《关于推广运用政府和社会资本合作模式有关问题的通知》(2014-9-23)。

2.《地方政府存量债务纳入预算管理清理甄别办法》的通知(2014-10-23)。

3.《政府和社会资本合作模式操作指南(试行)的通知》(2014-11-29)。

4.《关于政府和社会资本合作示范项目实施有关问题的通知》(2014-11-30)。

5.《关于贯彻实施修改后的预算法的通知》(2014-12-11)。

6.《政府购买服务管理办法(暂行)》的通知(2014-12-15)。

7.《关于开展中央财政支持地下综合管廊试点工作的通知》(2014-12-26)。

8.《关于规范政府和社会资本合作合同管理工作的通知》(2014-12-30)。

9.《污水处理费征收使用管理办法》(2014-12-31)。

10.《关于非货币性资产投资企业所得税政策问题的通知》(2014-12-31)。

11.《关于开展中央财政支持海绵城市建设试点工作的通知》(2014-12-31)。

12.《政府和社会资本合作项目政府采购管理办法》通知(2014-12-31)。

13.《政府采购竞争性磋商采购方式管理暂行办法》的通知(2014-12-31)。

14.《关于市政公用领域开展政府和社会资本合作项目推介工作的通知》(2015-2-13)。

15.《地方政府专项债券发行管理暂行办法》的通知(2015-4-2)。

16.《政府和社会资本合作项目财政承受能力论证指引》的通知(2015-4-7)。

17.《关于推进水污染防治领域政府和社会资本合作的实施意见》(2015-4-9)。

18.《关于在收费公路领域推广运用政府和社会资本合作模式的实施意见》(2015-4-20)。

19.《关于进一步做好政府和社会资本合作项目示范工作的通知》(2015-6-25)。

20.《关于政府采购竞争性磋商采购方式管理暂行办法有关问题的补充通知》(2015-6-30)。

21.《中央财政服务业发展专项资金管理办法》的通知(2015-5-31)。

22.《水污染防治专项资金管理办法》的通知(2015-7-9)。

23.《关于贯彻落实整合建立统一的公共资源交易平台工作方案有关问题的通知》(2015-9-15)。

24.关于公布第二批政府和社会资本合作示范项目的通知》(2015-9-25)。

25.《政府投资基金暂行管理办法》(2015-11-12)。

26.《关于实施政府和社会资本合作项目以奖代补政策的通知》(2015-12-8)。

27.《PPP物有所值评价指引（试行）》（2015-12-18）。

28.《关于规范政府和社会资本合作（PPP）综合信息平台运行的通知》（2015-12-18）。

（二）国家发改委（或联合其他部门）发布

1.《政府核准投资项目管理办法》（2014-6-11）。

2.《关于开展政府和社会资本合作的指导意见》（2014-12-2）。

3.《关于放开部分服务价格意见的通知》（2014-12-17）。

4.关于放开部分铁路运输产品价格的通知》（2014-12-23）。

5.《关于一律不得将企业经营自主权事项作为企业投资项目核准前置条件的通知》（2014-12-31）。

6.《关于加强城市轨道交通规划建设管理的通知》（2015-1-12）。

7.《关于推进开发性金融支持政府和社会资本合作有关工作的通知》（2015-3-10）。

8.《基础设施和公用事业特许经营管理办法（征求意见稿）》（2015-4-25）。

9.《关于切实做好〈基础设施和公用事业特许经营管理办法〉贯彻实施工作的通知》（2015-7-2）。

10.《关于进一步鼓励和扩大社会资本投资建设铁路的实施意见》（2015-7-10）。

11.《项目收益债券管理暂行办法》的通知（2015-7-29）。

12.《关于加强城市停车设施建设的指导意见》（2015-8-3）。

13.《PPP项目前期工作专项补助资金管理暂行办法征意见》（2015-9-28）。

14.《电动汽车充电基础设施发展指南》（2015-10-9）。

15.《关于公布第二批国家新型城镇化综合试点地区名单的通知》（2015-11-16）。

16.《关于城市地下综合管廊实行有偿使用制度的指导意见》（2015-11-26）。

17.《关于银行业支持重点领域重大工程建设的指导意见》（2015-12-2）。

（三）住建部（或联合其他部门）发布

1.《关于印发海绵城市建设技术指南——低影响开发雨水系统构建（试行）的通知》（2014-10-22）。

2.《关于加快市政公用行业市场化进程的意见》（2002-12-27）。

3.《关于开展工程质量治理两年行动万里行的通知》（2014-12-31）。

4.《关于加快培育和发展住房租赁市场的指导意见》（2015-1-6）。

5.《关于立即开展全国建筑施工安全生产大检查的紧急通知》(2015-1-8)。
6.《关于城市地下综合管廊实行有偿使用制度的指导意见》(2015-11-26)。
7.《国家生态园林城市、园林城市、园林县城及园林城镇拟命名名单》公示。

(四)银监会(或联合其他部门)发布

1.《关于推进简政放权 改进市场准入工作有关事项的通知》(2014-6-16)。
2.《关于鼓励和引导民间资本 参与农村信用社产权改革工作的通知》(2014-11-24)。
3.《信托业保障基金管理办法》的通知(2014-12-10)。
4.《关于加强中小企业私募债券风险防控工作相关事项的通知》(2015-1-7)。
5.《私募投资基金监督管理暂行办法》(2014-8-21)。
6.《关于中信银行等27家银行开办信贷资产证券化业务资格的批复》(2015-1-13)。

三、示范文本

1.《城市供水特许经营协议示范文本》(建设部2004)。
2.《管道燃气特许经营协议示范文本》(建设部2004)。
3.《城市生活垃圾处理特许经营协议示范文本》(建设部2004)。
4.《城市污水处理特许经营协议示范文本》(建设部2006)。
5.《城镇供热特许经营协议示范文本》(建设部2006)。

四、地方政府发布

1. 安徽省城市基础设施领域PPP操作指南(2014-9-30)。
2. 北京市《关于创新重点领域投融资机制鼓励社会投资的实施意见》(2015-3-20)。
3. 北京市《关于在公共服务领域推广政府和社会资本合作模式的实施意见》(2015-11-3)。
4. 重庆市《关于创新重点领域投融资机制鼓励社会投资的实施意见》(2015-5-7)。
5. 福建省人民政府《关于推广政府和社会资本合作(PPP)试点的指导意见》(2014-9-6)。

6. 厦门市印发《厦门市推广运用政府和社会资本合作（PPP）模式实施方案》的通知（2015-3-18）。

7. 《关于推广政府和社会资本合作PPP模式试点扶持政策的意见》（2015-9-10）。

8. 《关于创新重点领域投融资机制鼓励社会投资的实施意见》（2015-3-25）。

9. 广东省发改委《关于编报政府与社会资本合作（PPP）项目的通知》（2014-12-8）。

10. 广东省《关于在公共服务领域推广政府和社会资本合作模式实施意见的通知》（2015-7-15）。

11. 东莞市《关于在公共服务领域推广政府和社会资本合作模式的实施意见》（2015-9-10）。

12. 广西壮族自治区《关于推广运用政府和社会资本合作模式增加公共产品供给的指导意见》（2015-7-16）。

13. 贵州省《关于推广政府和社会资本合作模式的实施意见》（2015-6-24）。

14. 贵州省《关于贵州省创新重点领域投融资机制鼓励社会投资的实施意见》（2015-7-1）。

15. 海南省《关于鼓励在公共服务领域推广政府和社会资本合作模式的实施意见》（2015-11-12）。

16. 河北省《关于推广政府和社会资本合作（PPP）模式的实施意见》（2014-12-17）。

17. 河北省《关于在全省公共服务领域推广政府和社会资本合作模式实施意见的通知》（2015-11-19）。

18. 河南省《关于推广运用政府和社会资本合作模式的指导意见》（2014-11-27）。

19. 郑州市《关于推广运用政府和社会资本合作（PPP）模式的实施意见》（2015-6-18）。

20. 郑州市《政府和社会资本合作项目物有所值评价指引（试行）》（2015-7-22）。

21. 黑龙江省《推广运用政府和社会资本合作（PPP）模式工作实施方案的通知》（2015-10-16）。

22. 湖南省《关于推广运用政府和社会资本合作模式的指导意见》（2014-12-19）。

23. 湖南省《关于第二批政府和社会资本合作PPP示范项目实施有关事项

的通知》(2015-7-3)。

24.《江苏省 PPP 融资支持基金实施办法(试行)》(2015-7-10)。

25. 江苏省《关于在公共服务领域推广政府和社会资本合作模式的实施意见》(2015-9-18)。

26. 江西省《关于鼓励社会资本进入社会事业领域的意见》(2014-11-27)。

27. 南昌市《推广政府与社会资本合作(PPP)模式的实施意见(试行)》(2015-4-27)。

28. 辽宁省《关于推广运用政府和社会资本合作模式的实施意见》(2015-8-22)。

29. 山东省《关于贯彻 43 号文加强政府性债务管理的实施意见》(2014-12-10)。

30.《山东省政府和社会资本合作(PPP)发展基金实施办法》(2015-7-30)。

31. 山东省《关于在公共服务领域推广政府和社会资本合作模式的指导意见的通知》(2015-8-20)。

32. 青岛市《关于鼓励和引导社会资本参与投资基础设施等领域项目的实施方案》(2014-12-27)。

33. 山西省《关于创新重点领域投融资机制鼓励社会投资的实施意见》(2015-6-11)。

34. 陕西省《关于在公共服务领域推广政府和社会资本合作模式的实施意见》(2015-8-28)。

35. 四川省《关于支持推进政府与社会资本合作有关政的通知》(2014-12-22)。

36. 四川省《关于在公共服务领域推广政府与社会资本合作模式的实施意见》(2015-9-14)。

37. 新疆维吾尔自治区《关于加快城镇基础设施建设的实施意见》(2015-1-29)。

38. 云南省《关于在公共服领域加快推进政府和社会资本合作模式实施意见的通知》(2015-10-9)。

39. 昆明市发改委《关于发布首批基础设施等领域鼓励社会投资项目的通知》(2014-11-6)。

40. 昆明市《关于政府和社会资本合作工作文件的通知》(2015-9-23)。

41. 浙江省《关于切实做好鼓励社会资本参与建设运营示范项目工作的通知》(2014-12-23)。

附录2：关于组织开展第三批政府和社会资本合作示范项目申报筛选工作的通知

（财金函 [2016]47 号）

各省、自治区、直辖市、计划单列市财政厅（局）、教育厅（局）、科学技术厅（局）、民政厅（局）、人力资源社会保障厅（局）、国土资源厅（局）、环境保护厅（局）、住房和城乡建设厅（建设、市政、市容、园林主管部门）、交通运输厅（局、委）、水利厅（局）、农业厅（局）、商务厅（局）、文化厅（局）、卫生和计划生育委员会、体育局、林业局、旅游局、能源局、铁路监督管理局、民用航空局，新疆生产建设兵团财务局、教育局、科技局、民政局、人力资源社会保障局、国土资源局、建设局（环保局）、交通局、水利局、农业局、商务局、卫生局：

为贯彻落实《国务院办公厅转发财政部 发展改革委 人民银行关于在公共服务领域推广政府和社会资本合作模式指导意见的通知》（国办发 [2015]42 号）要求，大力推广政府和社会资本合作（以下简称 PPP）模式，扎实推进 PPP 项目示范工作，助推更多 PPP 项目落地实施，充分发挥 PPP 在稳增长、促改革、调结构、惠民生等方面的积极作用，财政部会同行业部委联合启动第三批 PPP 示范项目申报筛选工作。现通知如下：

一、组织开展示范项目申报筛选工作的目的和重点。第三批 PPP 示范项目申报筛选工作由财政部与相关行业部委横向联合开展。项目申报筛选注重与我国"十三五"期间重大问题、重点项目有机衔接，鼓励行业破冰、区域集群和模式创新，推动实现行业引领、区域带动和创新示范效应。通过优化申报筛选方式，公开评审标准，进一步提升示范项目申报筛选的全面性、科学性和时效性，实现从财政部示范到全国示范的升级。

二、示范项目申报条件。申报示范项目应具备相应基本条件：一是项目属于能源、交通运输、市政公用、水利、环境保护、农业、林业、科技、保障性安居工程、医疗、卫生、养老、教育、文化、体育等适宜采用 PPP 模式的公共服务领域。二是纳入城市总体规划和各类专项规划，新建项目应已按规定程序做好立项、可行性论证等项目前期工作。三是合作期限原则上不低于10年。四是对采用建设—移交（BT）方式的项目，通过保底承诺、回购安排等方式进行变相融资的项目，将不予受理。

三、示范项目申报程序。地方项目由各级财政部门会同本级行业部门联合组织初选，通过初选的项目由省级财政部门统一汇总，经全国PPP综合信息平台线上填报并书面上报财政部，同时抄报相关行业部委。中央部委项目由相关行业部委提交财政部汇总，财政部PPP中心代为线上填报。财政部PPP综合信息平台网址为http://www.cpppc.org/，输入此前为各级财政部门统一配置的用户名、密码即可登录系统。财政部PPP工作领导小组办公室（以下简称领导小组办公室）会同PPP中心对申报项目进行汇总和形式审查，形成备选项目清单，作为项目评审对象。

四、示范项目评审。为兼顾评审的专业性和时效性，将组织专家通过全国PPP综合信息平台进行线上集中封闭评审，按照行业领域分为五组：一是交通运输，包括公路、桥梁隧道、铁路、民航、水运、公交系统、物流系统等。二是市政公用事业，包括轨道交通、停车场、地下综合管廊、海绵城市建设、城市黑臭水体整治、市政路桥、供水、排水及污水处理、供气、供热、供电、园林绿化、垃圾处理、农村污水垃圾治理等。三是综合开发，包括城镇综合开发、环境综合治理、保障性安居工程、智慧城市等。四是农林水利与环境保护，包括农业、林业、水利领域的基础设施建设；大气、水、土壤等环境污染防治；湿地、森林、海洋等生态保护等。五是社会事业与其他，包括教育、科技、文化、旅游、医疗卫生、养老、体育等领域的基础设施和公共服务。

五、示范项目评审专家组成。评审专家采取各部门推荐与PPP专家库随机抽取相结合的方式选定：每个专家组由7名专家组成，其中行业部委商财政部相关支出司局推荐3名行业专家、财政部金融司（或PPP中心）推荐1名业务专家，财政部条法司推荐1名法律专家；通过PPP专家库随机抽取选定1名财务专家和1名咨询专家。

六、示范项目申报筛选时间安排。2016年7月25日前，提交示范项目申报材料，逾期不再受理。7月底前，形成备选项目清单和项目评审工作方案。8月初，组织开展项目评审。8月上旬，完成项目评审，按照项目最终评分由高到低的顺序，综合行业、类型、地区分布形成示范项目名单，由财政部联合相关行业部委统一发布。

七、示范项目申报筛选工作要求。各级财政部门及相关行业主管部门应认真组织项目申报工作，严格筛选申报项目，每个省市申报项目数量原则上不超过50个。省级财政部门及相关行业部委应书面提交项目申报清单并附申报材料电子版光盘。对未按要求提交完整申报材料的，不列入备选项目清单。

八、其他。财政部将会同相关行业部委对示范项目提供必要的业务指导和技术支持，认真落实以奖代补措施，推动示范项目顺利实施。对入选的示范项目，将适时对外公布申报材料。

评审标准

PPP示范项目评审包括定性评审和定量评审两部分，通过定性评审的项目方可进入定量评审。

一、定性评审标准

项目定性评审主要审查项目的合规性，具体包括主体合规、客体合规、程序合规三部分内容：

（一）PPP相关参与主体是否适格。有下列情形之一的，不再列为备选项目：

1.【政府方】国有企业或融资平台公司作为政府方签署PPP项目合同的；

2.【社会资本方】未按国办发[2015]42号文要求剥离政府性债务、并承诺不再承担融资平台职能的本地融资平台公司作为社会资本方的。

（二）项目的适用领域、运作方式、合作期限是否合规。有下列情形之一的，不再列为备选项目：

1.【适用领域】不属于公共产品或公共服务领域的；

2.【运作方式】采用建设—移交（BT）方式实施的；

3.【合作期限】合作期限（含建设期在内）低于10年的；

4.【变相融资】采用固定回报、回购安排、明股实债等方式进行变相融资的。

（三）项目实施程序是否合规。有下列情形之一的，不再列为备选项目：

1.【规划立项】项目不符合城市总体规划和各类专项规划的；新建项目未按规定程序完成可行性研究、立项等项目前期工作的；

2.【两个论证】未按财政部相关规定开展物有所值评价或财政承受能力论证的；

3.【政府采购】已进入采购阶段或执行阶段的项目，未按政府采购相关规定选择社会资本合作方的。

二、定量评审

定量评审指标及评分权重如下：

（一）项目材料规范性。项目是否经过各级部门认真审核把关，申报材料真实性、完整性、规范性是否符合规定要求（10%）。

（二）项目实施方案。项目实施方案内容是否完整，交易边界、产出范围及绩效标准是否清晰，风险识别和分配是否充分、合理，利益共享机制能否实现激励相容，运作方式及采购方式选择是否合理合规，合同体系、监管架构是否健全等（25%）。

（三）项目物有所值评价。是否按要求开展并通过物有所值评价，定性评价的方法和过程是否科学合理；是否同时开展物有所值定量评价，定量评价的方法和过程是否科学合理的（10%）。

（四）项目财政承受能力。是否按要求开展并通过财政承受能力论证，论证方法和过程是否科学（15%）。

（五）项目实施进度。项目方案论证、组织协调等前期准备工作是否充分，立项、土地、环评等审批手续是否完备，所处阶段及社会资本响应程度如何，是否具备在入选一年内落地的可能性（15%）。

（六）项目示范推广价值。项目是否符合行业或地区发展方向和重点，是否具备较好的探索创新价值和推广示范意义（25%）。

附录3：河南省PPP开发性基金设立方案

为加快推广运用政府和社会资本合作（PPP）模式，积极发挥财政资金导向作用，充分利用金融机构、社会资本的资金和管理优势，推动基础设施和公共服务领域投融资机制创新，促进我省经济和社会发展，按照河南省政府办公厅《关于印发财政支持稳增长若干政策措施的通知》(豫政办[2015]57号)要求，河南省财政厅制定了设立河南省PPP开发性基金的运作方案。

一、基金设立的目的

（一）帮助市县规范PPP项目前期运作。安排一定前期费用补贴，帮助市县聘请专业咨询机构提前介入，规范项目操作流程，确保各环节工作有序开展。

（二）更好发挥示范项目带动作用。对于示范项目进行奖励，提高市县政府的积极性，发挥可复制、可推广样板的示范作用，帮助市县树立标杆、明确目标、理清思路。

（三）解决部分市县资金不足问题。选择部分项目给予资本支持，有利于推动PPP项目推广运用。

二、基金设立的原则

（一）激励引导。通过设立PPP开发性基金，对PPP项目推广运用的关键环节和重点项目给予支持，调动市县政府推广应用PPP模式的积极性，增强社会资本的投资信心，吸引更多金融机构和社会资本投资我省PPP项目。

（二）放大效应。通过少量财政资金的"种子"作用，撬动金融和社会资本，将财政资金放大5倍，扩大基金对项目投入的规模和力度。同时，积极与亚行、财政部和我省有关新型城镇化发展基金进行对接，发挥基金的整体效用。

（三）降低成本。省财政出资部分作为基金劣后，并可补贴金融或社会资本收益，或不收取收益，在吸引金融机构投资的同时，降低基金价格，达到降低政府对PPP项目资本投入或付费价格的目标。

（四）规范操作。通过引进咨询机构参与市县 PPP 项目的前期运作，利用金融机构多元化的投融资服务和项目管理，进一步强化风险管控，减少行政干预，规范 PPP 开发性基金的投向使用，确保推广运用 PPP 项目规范有序。

三、基金的发起与设立

（一）基金名称：河南省 PPP 开发基金。

（二）基金规模：人民币 50 亿元。

（三）基金期限：5～7 年。

（四）基金出资人构成

1. 省豫资公司（代表省财政厅出资）；

2. 若干家金融机构；

3. 其他社会资本。

（五）基金管理人：由主要出资人指定。

（六）基金的募集：省财政厅委托省豫资公司出资 10 亿元，金融机构及其他出资人采取认缴制，出资比例以合同形式约定。

四、基金的投资与收益

（一）基金的投资范围。根据河南省 PPP 模式推广运用规划，基金将用于河南省 PPP 项目，包括运用 PPP 模式改造的存量项目和新增项目。

（二）基金支持的方式及标准。PPP 开发性基金通过资本支持和技术援助两种形式对我省 PPP 项目给予支持。其中资本支持方式占财政安排资金的 90%，并吸引金融机构共同参与，放大财政资金倍数；技术援助方式包括项目前期费用补贴和示范项目奖励，占财政安排资金的 10%。

1. 资本支持

基金投资的资本金收益参照贷款基准利率确定。对于新增项目，基金按照项目公司中财政出资部分的 30% 给予资本金支持，总投资在 10 亿元以下（含 10 亿元）的单个项目最高支持 2000 万元，总投资超过 10 亿元的项目最高支持 5000 万元；对于存量项目采用 PPP 模式改造的，基金按不超过项目总投资的 5%～10% 给予支持，最高不超过 5000 万元。对于不需要政府出具资本金的项目，基金按照上述标准为项目公司（实际给社会资本）提供支持，社会资本需相应降低政府付费标准或金额。

（1）基金的投资模式。采用股权为主、债权为辅等方式投入 PPP 项目。

（2）基金的退出机制。基金所投资具体项目期限 5~7 年，实行股权投资的，到期优先由项目的政府方或社会资本方回购；实行债权投入的，由借款主体项目公司按期归还。

（3）基金出资人的回报机制。基金按照相当于贷款基准利率确定收益，基金出资人按照当期市场最优惠的资金价格收取回报，财政出资部分收益可补贴金融机构或社会资本，或不收取收益。基金采取优先与劣后的结构，其他出资人作为优先级，财政出资人作为劣后级。

2. 技术援助

（1）前期费用补贴。列入省级备选项目库，补助项目前期费用的 50%，每个项目最高补助 50 万元。由财政部或省级公开推介的项目，补贴前期费用的 100%，每个项目最高补贴 100 万元，列入备选项目库时已经享受过的费用补贴金额将予以扣除（注：PPP 管理中心设 PPP 项目库，按照意向→备选→推介→示范，四个层级逐步筛选出优质项目进行推广）。此费用将作为基金赠款提供给地方政府，可作为地方政府在项目公司中的权益。

（2）项目奖励。列入财政部全国示范的项目，每个项目奖励 500 万元。此费用将作为基金赠款提供给地方政府，可作为地方政府在项目公司中的权益。

五、基金的管理

（一）基金募投项目的决策。基金投资由基金决策委员会按照市场化规则决策。为了提高基金公司选择项目的准确性，减少尽职调查的时间和精力，省财政厅 PPP 工作内部协调机制可对省级 PPP 项目库内项目进行初审，推荐给基金投资决策委员会决策。

1. 财政厅 PPP 工作内部协调机制初审。由省财政厅 PPP 管理中心、相关业务处室、有关领域专家等 PPP 工作协调机制小组成员单位 5 人以上单数组成审查小组，定期召开项目初审论证会，研究提出推荐项目名单。

2. 基金的投资决策。由基金管理人和投资人组建投资决策委员会，负责对外投资决策。

（二）基金投资的申报管理

1. 申请省 PPP 开发基金的项目须纳入省级项目库，由项目实施机构向所在市或县财政部门申请，经市或县财政部门审核后上报省财政厅。

2. 投资决策委员会审定通过的项目，基金管理人与项目公司签订协议，明确投入规模、投入方式、收益回报、投入期限、回购机制、权利和义务等。

3. 如基金投入在项目公司成立前，则基金的投入规模、期限、约定收益及回购机制等应写入 PPP 项目的实施方案，并在项目采购中与合作方达成一致意见，写入 PPP 项目合作协议。

（三）基金的拨付。根据项目的投资决策协议，由基金管理人负责资金拨付。

附录4：江苏省PPP融资支持基金实施办法（试行）

为加快推广运用政府和社会资本合作（PPP）模式，积极发挥财政资金的导向作用，充分利用金融机构、社会资本等资金和管理的优势，推动我省基础设施和公共服务领域投融资机制创新，促进我省经济和社会发展，由江苏省财政厅发起设立"江苏省PPP融资支持基金"，并制定以下实施办法。

一、基金的设立目标

（一）体现激励引导。通过建立PPP融资支持基金，发挥引导示范效应，吸引更多的社会资金、民间资本进入我省PPP领域，增强社会资本的投资信心。

（二）扩大投资规模。发挥少量财政资金的"种子"作用，撬动金融和社会资本，达到基金10倍的放大效果，扩大基金对项目投入的规模和力度。

（三）坚持市场化运作。借助金融机构多元化的投融资服务和项目管理经验，按市场化原则运作，强化风险管控，规范PPP融资支持基金的投向使用，加大对重点项目的支持力度。

（四）推动PPP模式运用。发挥基金对PPP项目的引导扶持作用，提高市、县政府运用PPP模式的积极性，扩大PPP模式的推广运用范围，创新我省重点基础设施和公共服务领域投融资管理机制，增加公共产品和服务供给。

二、基金的发起与设立

（一）基金名称：江苏省PPP融资支持基金。

（二）基金管理：通过政府购买服务的方式委托有资质、有基金管理经验和良好业绩的机构管理运作（下称"基金管理机构"）。

（三）基金规模：人民币100亿元，每20亿元为一个子基金。

（四）基金期限：10年，10年到期后如仍有项目未退出，经出资人同意可延长。

（五）基金出资人构成：

1.财政出资人：①省财政厅；②部分市、县财政局。

2. 其他出资人：①若干家银行机构；②保险、信托资金；③其他社会资本。

（六）基金的募集：

省及市、县财政发起出资共 10 亿元，银行、信托、保险等其他出资人采取认缴制，以 9 亿元为一个份额单位，每家出资机构（允许出资机构组成联合体参与认缴）最少认缴 1 个份额单位，最多认缴 2 个份额单位，具体出资份额通过公开竞价后以合同形式约定。每个子基金由 1~2 家其他出资人及财政出资人组成，其中财政出资占 10%。

三、基金的投资与收益

（一）基金的投资范围：根据我省 PPP 模式推广运用规划，基金将用于我省经财政部门认可且通过财政承受能力论证的 PPP 项目，优先投入省级以上试点项目及参与出资市、县的项目。

（二）基金的投资模式：基金可以股权、债权等方式投入 PPP 项目，市场化运作，专业化管理。采取股权方式投资的，每一个项目股权投入的基金不超过注册资本金的 50%，最多不超过 4 亿元，且与项目社会资本方出资按比例同步到位。采取债权投入的，每一个项目不超过子基金规模的 20%。

（三）基金的投资期限：基金所投资具体项目期限不超过 5 年（包括回购期）。实行股权投资的，到期优先由项目的社会资本方回购，社会资本方不回购的，由市县政府方回购，并写入项目的 PPP 合作协议中；实行债权投入的，由借款主体项目公司按期归还。

（四）基金的收益来源：

1. 所投资 PPP 项目的股权分红收益及股权转让增值收益；

2. 对 PPP 项目债权投入产生的利息收入；

3. 基金间隙资金用于稳健类金融产品产生的收入；

4. 其他合法性收入。

（五）基金对投资项目的收益获取机制：

实行股权投资的项目，按股权的比例享有收益；实行债权投入或以固定回报注入资本金方式的项目，按约定的固定回报率获取收益，最高不超过同期人民币贷款基准利率的 1.1 倍。

（六）基金出资人的回报机制：

1. 每个子基金均采取优先与劣后的结构，其他出资人作为优先级，财政出资人作为劣后级。

2. 基金出资人的回报采取固定收益加浮动收益的办法，按年分配，子基金每年所得收益，首先用于分配优先级出资人约定的同期人民币贷款基准利率 0.9～1.3 倍的固定收益（按公开竞价方式确定）；收益超过所有出资人的固定收益的剩余部分，作为浮动收益分配，优先级与劣后级出资人分别按 30% 与 70% 的比例分配。

3. 如子基金年度收益不足以分配优先级出资人的固定收益部分，由省财政予以补足。

4. 参与出资的市县如未获得基金投入的，其财政出资部分可享受优先级的固定收益。

四、基金的管理与风险控制

（一）基金的投资决策：

1. 基金成立投资决策管理委员会（简称"投委会"），由省财政厅、出资 5000 万元以上的市县财政局、其他出资人单位相关负责人等 7 人以上单数组成。主要负责审定基金章程、项目投资策略、项目监督管理制度、基金收益分配办法等重大事项。

2. 按子基金设立项目审定委员会（简称"项目审委会"），由省财政厅、出资 5000 万元以上的市县财政局、基金出资人单位相关负责人等 5 人以上单数组成，负责子基金具体项目投资的审定。各出资人按出资份额享有表决权，出资不足 5000 万元的市县财政由省财政代为行使表决权。项目审委会召开项目审查会议，到会人数、表决权数需同时满足应到人数、应到表决权数半数以上，表决事项获得到会全部表决权 55%（含）以上同意的予以通过，省财政厅享有一票否决权。

3. 基金管理机构负责对项目进行前期可行性审查，出具审查报告，同时负责资金召集、资金投放、项目监管、基金账户管理、间隙资金运作等方面工作，并做好事前、事中、事后的全流程信息公开。

4. 项目审委会召开前 45 日，省财政厅 PPP 中心将拟上会项目可行性审查报告提交给子基金各出资人，包括项目情况及拟投入金额、期限、方式、回报、退出机制等初步方案。项目审委会审查表决获通过的项目，由各出资人按认缴比例出资。项目审委会需就通过的事项在会议决议上签字确认。

（二）基金投资的申报管理：

1. 申请省PPP融资支持基金的项目须向所在地市或县财政部门申请，经市或县财政部门审核后上报省财政厅PPP中心。

2. 项目审委会审定通过的项目，委托基金管理机构与项目的政府方及社会资本方或项目公司签订协议，明确投入规模、投入方式、投入期限、收益回报、回购机制、权利和义务等。

3. 如基金投入在项目公司成立前，则基金的投入规模、期限、约定收益及回购机制等应写入PPP项目的实施方案中，并在项目采购中与合作方达成一致意见，写入PPP项目合作协议中。

（三）基金的出资与拨付：财政出资人出资部分在基金成立之日到位；其他出资人实际出资采取招款机制，根据项目的投资决策决议，基金管理机构向各出资人发出通知，出资人在收到通知10个工作日内按认缴比例支付资金。

（四）基金的日常管理：在基金投委会下设立基金管理办公室，由省财政PPP中心和出资人单位联系人组成，负责投资决策管理委员会、各子基金项目审委会决定的各事项落实、基金日常运行、沟通联络、项目情况跟踪管理、基金信息的反馈与发布、对基金管理机构的考核与管理等。办公室设在省财政PPP中心，办公室主任由省财政PPP中心负责人兼任。

（五）基金的风险控制措施：

1. 基金管理机构应加强项目运营情况跟踪督查，发现异常情况，及时向子基金项目审委会报告。

2. 针对项目情况，项目审委会可根据基金管理机构的建议，表决项目投资期限延长或缩短。

3. 基金将遵循分散配置原则，投资于省内多个PPP项目，控制单个项目投资规模，以达到分散风险和带动社会资本的双重作用。

4. 按照收益共享、风险共担的原则，如投资项目失败，首先由基金管理机构承担10%的损失（最多不超过子基金管理费的2倍），其次，由省财政、市县财政以子基金的出资金额承担风险，项目的剩余损失由其他出资人在出资金额内按比例承担。

此办法自2015年7月10日起施行。

附录 5：云南省政府和社会资本合作融资支持基金设立方案

根据《国务院办公厅转发财政部 发展改革委 人民银行〈关于在公共服务领域推广政府和社会资本合作模式指导意见〉的通知》（国办发 [2015]42 号）和《云南省人民政府关于促进全省经济平稳健康发展的意见》（云政发 [2015]25 号）精神，为加快推广运用政府和社会资本合作（以下简称 PPP）模式，积极发挥财政资金的导向作用，充分利用金融机构、社会资本等资金和管理的优势，推动我省公共服务领域投融资机制创新，促进我省经济和社会发展，制定我省 PPP 融资支持基金设立方案。

一、基金设立的目的

（一）引导和激励 PPP 模式的推广应用

通过设立 PPP 融资支持基金，发挥引导示范效应，吸引更多的社会资金、民间资本进入我省 PPP 领域，增强社会资本的投资信心，提高省级部门及各州（市）运用 PPP 模式的积极性，促进 PPP 模式的推广应用。

（二）扩大投资规模，降低融资成本

发挥财政资金杠杆作用，引导社会资本扩大对 PPP 项目投入的规模和力度。撬动金融机构为 PPP 项目提供融资服务，积极增加融资规模并有效降低 PPP 项目融资成本。

（三）发挥专业机构的职能作用

整合咨询公司、基金公司、银行等专业机构的优势资源，为我省 PPP 项目提供多元化的投融资和项目管理服务，强化风险管控，规范 PPP 项目的运作模式，增加公共产品和服务供给。

二、基金的发起与设立

（一）基金名称

云南省 PPP 融资支持基金。

（二）基金管理

通过政府购买服务的方式委托有资质、有基金管理经验和良好业绩的机构管理运作（下称"基金管理机构"）。

（三）基金规模

根据我省 PPP 项目推进情况逐步扩大基金规模，第一期定为人民币 50 亿元以上，其中：省财政厅筹集 2 亿元，向金融机构和社会资本募集 48 亿元以上。根据 PPP 项目情况逐年增加，并按行业类别设立子基金。

（四）基金期限

暂定 10 年，到期后如仍有项目未退出，经出资人同意可延长。

（五）基金出资人构成

1. 云南省财政厅；

2. 金融机构；

3. 其他社会资本。

（六）基金的募集

省财政厅作为基金发起人，金融机构和其他社会出资人按省财政厅出资额的一定倍数认缴基金份额。

三、基金的投资与收益

（一）基金支持范围

包括能源、交通运输、水利、环境保护、农业、林业、科技、保障性安居工程、医疗、卫生、养老、教育、文化等公共服务领域，投资规模较大、需求长期稳定、价格调整机制灵活、市场化程度较高的基础设施及公共服务类项目。优先支持列入财政部和省财政厅 PPP 示范项目名单的项目，以及其他收费定价机制透明、有稳定现金流的 PPP 项目，特别是运用 PPP 模式改造的存量项目。

（二）基金投资模式

基金通过股权、债权等方式投入 PPP 项目，市场化运作，专业化管理，综合运用金融工具，实现基金保值增值和可持续发展。主要模式包括：

1. 阶段性持股

PPP 项目政府方暂时没有足够资本金投资项目公司股权时，PPP 融资支持基金可以出资认购合同约定的政府方持有股权份额，且与项目社会资本方出资按比例同步到位。到期优先由项目的社会资本方回购，项目社会资本方不回购的，由其他社会资本或同级政府方回购，并写入项目的 PPP 合作协议中。

2. 垫付可行性缺口补助

当 PPP 项目政府方因不确定因素及预算年度问题导致无法及时支付约定的项目可行性缺口补助时，可由基金承诺先行垫付补助资金，地方政府财政预算资金到位后偿还。

3. 短期借款

合作银行由于特殊原因暂时不能发放已承诺的贷款时，基金可在银行授信批复限额内为 PPP 项目提供短期的资金支持，并约定在银行资金到位后由项目公司按期归还。

（三）基金的收益来源

1. 阶段性持有 PPP 项目的股权收益；

2. 股权转让增值收益；

3. 垫付可行性缺口补助和短期借款产生的利息收入；

4. 基金间隙资金投资稳健类金融产品产生的收入；

5. 其他合法性收入。

（四）基金出资人的回报机制

基金采取优先与劣后的结构，其他出资人作为优先级，省财政厅作为劣后级。基金每年所得收益，首先用于分配优先级出资人的固定收益，优先级出资人的固定收益参照同期人民币中长期贷款基准利率，约在 5%～8%；剩余部分用于劣后级出资人享有收益；如基金年度收益不足以分配优先级出资人约定收益部分，由省财政予以补贴。

四、基金的管理

（一）项目的审查论证

1. 基金仅用于支持云南省 PPP 项目，项目需符合上述基金支持范围。

2. 基金管理机构对项目进行全方位风险评估，包括贷前调查、可行性分析、财务评价以及风险控制措施，出具风险分析报告和结论性意见。

3. 基金管理机构对项目进行物有所值评价，通过定性评价和定量评估形成项目的物有所值评价报告。

4. 省财政厅自主开展 PPP 项目财政承受能力论证工作，必要时可通过政府采购方式聘请专业中介机构协助，出具财政承受能力论证结论。

（二）基金的投资决策

1. 基金投资决策委员会（简称"投委会"）由省财政厅、其他出资人单位相关负责人、投资顾问等 7 人以上单数组成，投委会表决采取多票通过制。省财政厅拥有一票否决权，投决意见需按省财政厅决策程序讨论通过。

2. 基金管理机构负责对项目进行前期可行性审查，出具审查报告，同时负责资金召集、资金投放、项目监管、基金账户管理、间隙资金运作等方面工作，并做好事前、事中、事后的全流程信息公开。

3. 投委会召开项目审查会议前，省财政厅将拟上会项目可行性审查报告提交给基金各出资人，包括项目情况及拟投入金额、期限、方式、回报、退出机制等初步方案。投委会审查表决获通过的项目，在会议决议上签字确认。

（三）基金投资的申报管理

1. 申请省 PPP 融资支持基金的项目需向所在州（市）财政部门申请，经州（市）财政部门审核后上报省财政厅。

2. 投委会审定通过的项目，委托基金管理机构与项目的政府方及社会资本方或项目公司签订协议，明确投入规模、投入方式、投入期限、收益回报、回购机制、权利和义务等。

（四）基金投后管理

省财政厅、PPP 基金管理机构、合作银行将联合对支持项目进行后期管理，加强项目运营情况跟踪督查，保障项目顺利运作。

2015 年 10 月 8 日

附录6：四川省PPP投资引导基金管理办法

第一章 总则

第一条 根据《四川省人民政府关于在公共服务领域推广政府与社会资本合作模式的实施意见》（川府发[2015]45号）和《四川省人民政府关于印发四川省省级产业发展投资引导基金管理办法的通知》（川府发[2015]49号）有关规定，设立"四川省PPP投资引导基金"。为规范基金管理，结合我省实际，制定本办法。

第二条 本办法所称四川省PPP投资引导基金（以下简称"PPP基金"）是由省政府出资发起、按照市场化方式运作管理、集中投向政府与社会资本合作项目的引导基金。

第三条 PPP基金通过搭建政府投融资服务平台，发挥财政资金的杠杆效应，引导社会资本参与基础设施、公用事业、农林和社会事业等重点领域政府与社会资本合作项目投资运营，有效增加社会公共产品和公共服务供给。

第四条 按照"政府引导、市场运作、规范决策、严控风险"的原则，为提升决策效率，引入适度竞争，PPP基金设立采取分期设立方式实施运作管理。

第五条 PPP基金资金来源主要包括财政预算资金、社会募集资金、社会捐赠资金、基金投资收益及基金管理公司出资等。其中：社会募集资金最终规模原则上不低于基金总规模的80%；基金管理公司出资比例不低于基金总规模的1%。

第二章 管理架构

第六条 PPP基金的管理架构由政府主管部门、受托管理机构和基金管理公司组成。

第七条 省财政厅受省政府委托履行政府出资人职责，作为PPP基金的政府主管部门。主要职责包括：

（一）制定 PPP 基金投资运营总体规划（含基金规模设定、结构安排、投向重点、收益处置等）。

（二）制定 PPP 基金管理制度。

（三）审定基金管理公司选择方案并实施过程监督。

（四）根据本办法审核受托管理机构与基金管理公司拟签协议。

（五）监督 PPP 基金投资运营情况。

（六）决定 PPP 基金其他重大事项。

第八条　四川发展控股有限责任公司根据省政府常务会议决议作为 PPP 基金的受托管理机构，受省财政厅委托代行出资人职责。主要职责包括：

（一）分期发起设立基金。

（二）选择确定基金管理公司。

（三）审定基金投资运营年度计划。

（四）监督基金运营管理，控制基金运营风险。

（五）向省财政厅报告基金投资运营管理情况。

（六）选择财政出资托管银行并报省财政厅备案。

（七）承办省财政厅交办的其他事项。

第九条　基金管理公司通过择优选择确定。基金管理公司应具备以下条件：

（一）具有国家规定的基金管理资质，管理团队稳定，具有良好的职业信誉。

（二）具备严格规范的投资决策程序、风险控制机制和财务会计管理制度。

（三）注册资本不低于 500 万元，管理运营产业投资基金累计规模不低于 2 亿元，主要股东或合伙人具有较强的综合实力。

（四）至少有 3 名具备 3 年以上产业投资基金管理工作经验的专职高级管理人员，至少主导过 3 个以上股权投资、债权投入或融资担保的成功案例。

（五）熟悉国家和省政府推广政府与社会资本合作模式相关政策制度。

（六）公司及其工作人员无违法违纪等不良记录。

第十条　基金管理公司负责基金运营管理。主要职责包括：

（一）负责基金募集和投资运营管理。

（二）制订基金投资运营年度计划。

（三）选择基金托管银行并报受托管理机构备案。

（四）向相关主管部门履行登记备案手续。

（五）向受托管理机构报告基金投资运营情况。

（六）承办受托管理机构交办的其他事项。

第十一条　PPP基金设置不超过1年的开放期。开放期内如因经营需要，经全体出资人一致同意，可以按照法定程序增加全体现有出资人的认缴出资额或引入新出资人。

第三章　基金管理

第十二条　PPP基金存续期原则上设定为8年，必要时经基金股东会或合伙人会议审定可延展2年。

第十三条　PPP基金采取公司制或有限合伙企业组织形式。

第十四条　建立PPP基金银行托管制度。基金管理公司在国内选择一家具有丰富基金托管经验的国有及国有控股商业银行或全国性股份制银行作为基金托管银行。托管银行履行战略合作协议相关承诺，并对基金重点支持项目给予融资优惠。

第十五条　围绕我省推广政府与社会资本合作模式的总体目标，基金重点投向全省推介项目，优先投向国家和全省示范项目。

第十六条　PPP基金采取股权投资、债权投入、融资担保三种运作方式。

（一）股权投资。PPP基金通过股权方式对项目进行投资，带动社会资本参与政府与社会资本合作项目。基金对单个政府与社会资本合作项目股权投资不超过2亿元；持有单个项目公司股份不超过项目公司注册资本金的50%。基金原则上对投资项目只参股不控股。

（二）债权投入。PPP基金通过委托贷款方式对项目公司提供流动性支持，以债权投入方式支持项目建设运营。基金对单个政府与社会资本合作项目债权投入不超过项目总投资额的30%，最多不超过2亿元。

（三）融资担保。PPP基金对项目运作规范、内控制度健全、治理结构完善、风险防控有效、产出绩效明显，项目短期融资困难的项目公司提供融资担保，支持项目公司通过债权融资提升发展能力。

第十七条　PPP基金成立由5或7名委员组成的投资决策委员会，负责项目投资、管理、退出的相关决策。投资决策委员会由受托管理机构、社会资本出资方、基金管理公司相关人员组成。其中：受托管理机构委派1名；社会资本出资方委派2或4名;基金管理公司委派2名。拟投项目提交投资决策前,须由受托管理机构正式征求省财政厅意见。省财政厅负责对拟投项目PPP属性予以认定,对不符合PPP特征的项目予以剔除。

第十八条 PPP基金收益主要包括:

(一)项目股权投资分红及转让增值收益。

(二)项目债权投入产生的投资收益。

(三)项目融资担保产生的保费收益。

(四)间隙资金的利息收入。

(五)其他收益。

第十九条 PPP基金按照优先与劣后的分层结构进行募集和损益分担。财政出资及基金管理公司出资作为劣后级,其他出资人根据自愿原则也可作为劣后级。

第二十条 PPP基金根据不同投资运作方式退出。

(一)股权投资退出。股权投资优先由项目社会资本方回购。采取股权转让、到期清算等多种方式实施股权退出,退出价格按照市场化原则确定。

(二)债权投入退出。PPP基金对项目建设运营提供的债权投入,由项目公司按照协议约定实现到期债务清偿和债权退出。

(三)融资担保退出。PPP基金对项目提供的融资担保按照相关约定条件退出。

第二十一条 PPP基金清算形成的净收益或净亏损,按出资人协议、基金章程等相关规定进行分配或分担。

(一)清算后形成的净收益,先按出资人约定的基础收益进行分配;超额部分根据现行法律法规和协议约定进行分配。其中:财政出资收益的30%用于奖励基金管理公司;财政出资收益的其他部分可根据出资人的分层结构予以分类让渡。

(二)清算后形成的净亏损,先由基金管理公司以其出资额为限承担损失;之后由其余劣后级出资人以其出资额为限承担风险;剩余部分由其他出资人根据现行法律法规和协议约定进行分担。

第二十二条 PPP基金按照不超过实际到位资金的2%向基金管理公司支付管理费,具体支付比例由出资人共同协商确定。

第二十三条 PPP 基金存续期满，基金管理公司组织对基金进行清算，清算结果经中介机构鉴证后报股东会或合伙人会议审定，并报受托管理机构备案。财政出资人出资形成的清算收入按规定全额缴省级金库。

第四章 风险控制

第二十四条 托管银行依据托管协议约定负责账户管理、资产保管、监督管理、资金清算、会计核算等日常业务，对资金安全实施动态监管。

第二十五条 托管银行应具备以下条件：

（一）在四川省有分支机构，与我省有良好的合作基础，具备省级财政收支业务代理资格优先。

（二）拥有专门管理机构和专职管理人员。

（三）具备安全保管和办理托管业务的设施设备及信息技术系统。

（四）具有健全的托管业务流程和内控制度。

（五）资本充足率符合监管部门相关规定。

（六）最近 3 年无重大违法违规记录。

第二十六条 PPP 基金在运营过程中出现下列情况之一时，应当终止运营并清算：

（一）代表 50% 以上基金份额的股东或合伙人要求终止并经股东会或合伙人会议决议通过。

（二）PPP 基金发生重大亏损、无力继续经营。

（三）PPP 基金出现重大违法违规行为、被管理机关责令终止。

第二十七条 省财政厅按照基金设立进度，将资金拨付受托管理机构选定的托管银行，实行专户管理。

第二十八条 财政出资在 PPP 基金成立之日全部到位；其他出资人按出资协议约定的最低出资额同步到位，其余出资采取承诺制，根据项目投资决策决议，基金管理公司向出资人发出通知，出资人在收到通知十个工作日内向基金托管银行按认缴比例支付资金。

第二十九条 PPP 基金管理公司对运营管理的基金实行分账核算，对自有资产与基金资产实行分块管理，严格内部风险控制。

第三十条 基金托管银行应于会计年度结束 1 个月内，分别向基金管理公司和受托管理机构报送上年度资金托管报告。托管银行发现资金异动应及时报告。

第三十一条　基金管理公司应于会计年度结束3个月内，向受托管理机构和其他出资人分别提交基金年度运行情况报告和经社会审计机构审计的年度会计报告。

第三十二条　受托管理机构应于会计年度结束4个月内，向省财政厅转报经审核确认的基金年度运行情况报告和经社会审计机构审计的年度会计报告。

第三十三条　PPP基金不得从事抵押、股票、期货、债券、商业性房地产等投资活动；不得列支对外赞助、捐赠等支出；不得从事国家法律法规明确的禁止性业务。

第五章　监督管理

第三十四条　受托管理机构应与其他出资人在基金章程（合伙协议）中约定，有下列情况之一的，省财政出资可无需其他出资人同意，单方决定退出基金；如无法实现退出，基金应当进入清算程序。

（一）未按基金章程或合伙协议约定开展投资运营。

（二）与基金管理公司签订合作协议超过1年，基金管理公司未按约定程序和时间要求完成设立手续。

（三）基金设立之日起满1年未开展投资业务。

（四）投资领域不符合约定。

（五）其他不符合约定的情形。

第三十五条　受托管理机构、基金管理公司、托管银行应当接受省审计厅的审计检查。有关机构和人员应当积极配合，不得以任何理由阻挠和拒绝提供有关材料或提供虚假不实的材料。

第三十六条　受托管理机构定期对PPP基金投资运营绩效实施考核评价；省财政厅对受托管理机构履职情况进行评估，必要时可委托社会审计机构实施审计检查。

第三十七条　受托管理机构严格履行PPP基金投资运营风险监控职责，当PPP基金投向偏离规定范围或运营发生违法违规问题时，应按照协议责令纠正或终止与基金管理公司合作。

第三十八条　受托管理机构、基金管理公司和基金管理人员在运营管理中出现违规行为，依照相关法律法规予以处理。涉嫌犯罪的，移交司法机关依法追究刑事责任。

第六章　附则

第三十九条　本办法自发布之日起 30 日后实施。

第四十条　本办法由省财政厅负责解释。

2015 年 12 月 3 日

附录7：国务院办公厅关于进一步做好民间投资有关工作的通知

（国办发明电 [2016]12号）

各省、自治区、直辖市人民政府，国务院各部委、各直属机构：

党中央、国务院高度重视促进非公有制经济和民间投资健康发展。习近平总书记强调，公有制经济和非公有制经济都是社会主义市场经济的重要组成部分，都是我国经济社会发展的重要基础。毫不动摇鼓励、支持、引导非公有制经济发展，保证各种所有制经济依法平等使用生产要素、公平参与市场竞争、同等受到法律保护。李克强总理指出，要尊重和维护企业市场主体地位，不断深化改革，推动政策落地见效，稳定市场预期，进一步调动民间投资积极性，激发民间投资潜力和创新活力。针对近期民间投资增速有所回落，为促进民间投资健康发展，国务院部署开展了促进民间投资政策落实专项督查和第三方评估调研。6月22日，国务院常务会议听取了专项督查和第三方评估调研情况汇报，对做好民间投资有关工作提出进一步要求。为深入贯彻落实党中央、国务院领导同志重要指示精神和国务院常务会议部署，经国务院同意，现就有关事项通知如下：

一、充分认识促进民间投资健康发展的重要意义

近几年来，非公经济实力不断增强，已成为稳定我国经济的重要基础。非公经济创造了60%左右的国内生产总值、80%左右的社会就业，民间投资已占到全社会固定资产投资的60%以上。促进民间投资健康发展，既利当前又惠长远，对稳增长、保就业具有重要意义，也是推进结构性改革特别是供给侧结构性改革的重要内容。

各省（区、市）人民政府、各有关部门要全面贯彻党的十八大和十八届二中、三中、四中、五中全会精神，牢固树立新发展理念，认真落实中央经

济工作会议和《政府工作报告》部署，按照国务院常务会议要求，推动《国务院关于创新重点领域投融资机制鼓励社会投资的指导意见》（国发[2014]60号）、《国务院关于鼓励和引导民间投资健康发展的若干意见》（国发[2010]13号）、《国务院关于鼓励支持和引导个体私营等非公有制经济发展的若干意见》（国发[2005]3号）各项政策落实，促进民间投资回稳向好，更好发挥民间投资主力军作用。

二、认真抓好督查和评估调研发现问题的整改落实

促进民间投资政策落实专项督查和第三方评估调研发现，在部分地区、部分领域，存在着政策措施不落地、政府职能转变不到位、民营企业融资难融资贵、难以享受同等"国民待遇"、企业成本高负担重等突出问题。各省（区、市）人民政府、各有关部门要"对号入座"，逐项检查，及时整改，举一反三研究完善相关配套政策和实施细则，切实加强和改进本地区、本部门、本系统促进民间投资各项工作，确保取得实效，并于8月15日前将阶段性整改结果和下一步整改工作重点报送国务院办公厅，抄送国家发展改革委。

国家发展改革委要会同有关部门成立督导组，从7月中旬开始，对民间投资体量大、同比增速下降较快和近期民间投资增速滞后的省（区、市），组织开展重点督导。

三、继续深化简政放权、放管结合、优化服务改革

本届政府成立以来，以简政放权为"先手棋"，不断推动政府职能转变，激发了企业活力。但一些民营企业反映，部分地区仍然存在重审批、轻监管、少服务等问题，相关行政审批链条未见明显缩短、审批效率没有明显提高，"双随机、一公开"未全面推开，重复检查较多，政府服务缺位。各省（区、市）人民政府、各有关部门要进一步清理行政审批事项，及时破除各种关卡，该取消的行政审批事项要坚决取消，该给市场的权力要尽快放给市场。全面推行"双随机、一公开"监管模式。加快构建权责明确、透明高效的事中事后监管体系。聚焦薄弱环节，全面提升政府服务能力和水平。

今年下半年，国务院审改办要会同有关部门，对"放管服"改革落实情

况进行专项检查。

四、努力营造一视同仁的公平竞争市场环境

国务院关于促进非公有制经济和民间投资健康发展的相关文件，已明确对各类市场主体实施公平准入等原则和一系列政策措施。但民营企业普遍反映，在市场准入条件、资源要素配置、政府管理服务等方面，仍难以享受与国有企业同等的"国民待遇"。各省（区、市）人民政府、各有关部门要对照国家政策要求，坚持一视同仁，抓紧建立市场准入负面清单制度，进一步放开民用机场、基础电信运营、油气勘探开发等领域准入，在基础设施和公用事业等重点领域去除各类显性或隐性门槛，在医疗、养老、教育等民生领域出台有效举措，促进公平竞争。

各省（区、市）人民政府要针对自行出台的政策，开展全面自查，坚决取消对民间资本单独设置的附加条件和歧视性条款，加快健全公平开放透明的市场规则，切实营造权利平等、机会平等、规则平等的投资环境。有关自查情况于8月15日前一并报送国务院办公厅，抄送国家发展改革委。

五、着力缓解融资难融资贵问题

近年来，国务院连续出台一系列措施缓解中小微企业融资难融资贵问题，取得了积极成效。但融资难融资贵依然是民营企业反映强烈的突出问题之一，民营企业申请贷款中间环节多、收费高、难度大，一些银行惜贷、压贷、抽贷、断贷行为时有发生。银监会要抓紧会同有关部门开展专项检查，督促银行业金融机构严格落实支持实体经济发展的各项政策措施。要切实做到"三个不低于"，即对小微企业贷款增速不低于各项贷款平均增速、小微企业贷款户数不低于上年同期户数、小微企业申贷获得率不低于上年同期水平；要坚决查处银行涉企乱收费；要引导金融机构运用大数据等新技术，创新适合中小微企业的融资模式，推动大型商业银行扩大服务中小微企业业务。各省（区、市）人民政府要主动作为，积极推动改进金融服务，拓宽民营企业融资渠道，降低融资成本，推进政府主导的省级再担保机构基本实现全覆盖。

全国工商联、新华社等要加强对民营企业融资状况调研评估，及时反映企业诉求。

六、切实降低企业成本负担

国务院要求有关方面开展正税清费，实施"营改增"改革试点等工作，目的是降低企业负担，规范税费制度。但民营企业反映，目前一些措施还不够落实，未能充分享受国家出台的优惠政策，有的地方各种评估收费多，甚至仍然存在乱收费、乱摊派情况。各省（区、市）人民政府、各有关部门要加大工作力度，进一步抓好固定资产加速折旧、小微企业所得税优惠、阶段性降低"五险一金"费率等政策落实。要抓紧对涉企收费情况进行全面自查、集中清理，坚决砍掉不合理收费和中介服务环节。

财政部要会同国家发展改革委等有关部门，抓紧开展涉企收费清理情况专项检查，推动降低企业成本，切实减轻企业负担。审计署要将涉企收费审计作为政策落实跟踪审计的重点内容进行跟踪。

财政部要会同有关部门抓紧部署清理政府对企业各种欠款的专项工作。各省（区、市）人民政府、各有关部门要在规定时间内依法依规解决拖欠各类企业的工程款、物资采购款以及应返未返保证金等问题。

七、强化落实地方政府和部门的主体责任

各省（区、市）人民政府、各有关部门要切实履行主体责任，把调动民间投资积极性、促进民间投资健康发展摆上重要议事日程，主要负责同志要负总责、亲自协调，分管负责同志要具体抓督促落实，有效解决民营企业反映的突出问题。各省（区、市）人民政府、各有关部门要针对政府违约和政策不落实等问题，建立问责机制，提高政府公信力。要按照建立"亲""清"政商关系要求，完善政企沟通机制，充分听取民营企业意见建议，主动改进工作。凡对企业实事求是反映问题进行打击报复的，要依法依规处理，从严追究直接责任人和有关领导人员责任。

八、加大政策解读和舆论宣传力度

各省（区、市）人民政府、各有关部门要健全完善政策发布和政策解读的信息公开机制，及时回应社会关切，进一步营造民间投资良好舆论环境。要加大政府信息数据开放力度，畅通为民营企业提供信息服务的有效渠道。

要重视总结推广政府管理服务中的好做法、好经验,曝光不作为、乱作为案例。要主动唱响中国经济光明论,释放积极信号,提振发展信心,稳定和改善市场预期。

各省(区、市)人民政府、各有关部门要按照本通知精神,进一步做好民间投资有关工作,重要情况及时报告国务院。

国务院办公厅
2016 年 7 月 1 日

附录 8：关于印发《PPP 物有所值评价指引（试行）》的通知

（财金 [2015]167 号）

各省、自治区、直辖市、计划单列市财政厅（局），新疆生产建设兵团财务局：

为推动政府和社会资本合作（Public-Private Partnership，以下简称 PPP）项目物有所值评价工作规范有序开展，我们立足国内实际，借鉴国际经验，制订了《PPP 物有所值评价指引（试行）》。由于实践中缺乏充足的数据积累，难以形成成熟的计量模型，物有所值定量评价处于探索阶段，各地应当依据客观需要，因地制宜地开展物有所值评价工作。施行过程中的问题和建议，请及时反馈我部。

财政部

2015 年 12 月 18 日

PPP 物有所值评价指引
（试行）

第一章 总则

第一条 为促进 PPP 物有所值评价工作规范有序开展，根据《中华人民共和国预算法》《国务院办公厅转发财政部发展改革委人民银行关于在公共服务领域推广政府和社会资本合作模式指导意见的通知》（国办发 [2015]42 号）等有关规定，制定本指引。

第二条 本指引所称物有所值（Value For Money，VFM）评价是判断是否采用 PPP 模式代替政府传统投资运营方式提供公共服务项目的一种评价方法。

第三条 物有所值评价应遵循真实、客观、公开的原则。

第四条 中华人民共和国境内拟采用PPP模式实施的项目,应在项目识别或准备阶段开展物有所值评价。

第五条 物有所值评价包括定性评价和定量评价。现阶段以定性评价为主,鼓励开展定量评价。定量评价可作为项目全生命周期内风险分配、成本测算和数据收集的重要手段,以及项目决策和绩效评价的参考依据。

第六条 应统筹定性评价和定量评价结论,做出物有所值评价结论。物有所值评价结论分为"通过"和"未通过"。"通过"的项目,可进行财政承受能力论证;"未通过"的项目,可在调整实施方案后重新评价,仍未通过的不宜采用PPP模式。

第七条 财政部门(或PPP中心)应会同行业主管部门共同做好物有所值评价工作,并积极利用第三方专业机构和专家力量。

第二章 评价准备

第八条 物有所值评价资料主要包括:(初步)实施方案、项目产出说明、风险识别和分配情况、存量公共资产的历史资料、新建或改扩建项目的(预)可行性研究报告、设计文件等。

第九条 开展物有所值评价时,项目本级财政部门(或PPP中心)应会同行业主管部门,明确是否开展定量评价,并明确定性评价程序、指标及其权重、评分标准等基本要求。

第十条 开展物有所值定量评价时,项目本级财政部门(或PPP中心)应会同行业主管部门,明确定量评价内容、测算指标和方法,以及定量评价结论是否作为采用PPP模式的决策依据。

第三章 定性评价

第十一条 定性评价指标包括全生命周期整合程度、风险识别与分配、绩效导向与鼓励创新、潜在竞争程度、政府机构能力、可融资性等六项基本评价指标。

第十二条 全生命周期整合程度指标主要考核在项目全生命周期内,项目设计、投融资、建造、运营和维护等环节能否实现长期、充分整合。

第十三条 风险识别与分配指标主要考核在项目全生命周期内,各风险因素是否得到充分识别并在政府和社会资本之间进行合理分配。

第十四条 绩效导向与鼓励创新指标主要考核是否建立以基础设施及公共服务供给数量、质量和效率为导向的绩效标准和监管机制，是否落实节能环保、支持本国产业等政府采购政策，能否鼓励社会资本创新。

第十五条 潜在竞争程度指标主要考核项目内容对社会资本参与竞争的吸引力。

第十六条 政府机构能力指标主要考核政府转变职能、优化服务、依法履约、行政监管和项目执行管理等能力。

第十七条 可融资性指标主要考核项目的市场融资能力。

第十八条 项目本级财政部门（或PPP中心）会同行业主管部门，可根据具体情况设置补充评价指标。

第十九条 补充评价指标主要是六项基本评价指标未涵盖的其他影响因素，包括项目规模大小、预期使用寿命长短、主要固定资产种类、全生命周期成本测算准确性、运营收入增长潜力、行业示范性等。

第二十条 在各项评价指标中，六项基本评价指标权重为80%，其中任一指标权重一般不超过20%；补充评价指标权重为20%，其中任一指标权重一般不超过10%。

第二十一条 每项指标评分分为五个等级，即有利、较有利、一般、较不利、不利，对应分值分别为100～81、80～61、60～41、40～21、20～0分。项目本级财政部门（或PPP中心）会同行业主管部门，按照评分等级对每项指标制定清晰准确的评分标准。

第二十二条 定性评价专家组包括财政、资产评估、会计、金融等经济方面专家，以及行业、工程技术、项目管理和法律方面专家等。

第二十三条 项目本级财政部门（或PPP中心）会同行业主管部门组织召开专家组会议。定性评价所需资料应于专家组会议召开前送达专家，确保专家掌握必要信息。

第二十四条 专家组会议基本程序如下：

（一）专家在充分讨论后按评价指标逐项打分；

（二）按照指标权重计算加权平均分，得到评分结果，形成专家组意见。

第二十五条 项目本级财政部门（或PPP中心）会同行业主管部门根据

专家组意见，做出定性评价结论。原则上，评分结果在60分（含）以上的，通过定性评价；否则，未通过定性评价。

第四章 定量评价

第二十六条 定量评价是在假定采用PPP模式与政府传统投资方式产出绩效相同的前提下，通过对PPP项目全生命周期内政府方净成本的现值（PPP值）与公共部门比较值（PSC值）进行比较，判断PPP模式能否降低项目全生命周期成本。

第二十七条 PPP值可等同于PPP项目全生命周期内股权投资、运营补贴、风险承担和配套投入等各项财政支出责任的现值，参照《政府和社会资本合作项目财政承受能力论证指引》（财金[2015]21号）及有关规定测算。

第二十八条 PSC值是以下三项成本的全生命周期现值之和：

（一）参照项目的建设和运营维护净成本；

（二）竞争性中立调整值；

（三）项目全部风险成本。

第二十九条 参照项目可根据具体情况确定为：

（一）假设政府采用现实可行的、最有效的传统投资方式实施的、与PPP项目产出相同的虚拟项目；

（二）最近五年内，相同或相似地区采用政府传统投资方式实施的、与PPP项目产出相同或非常相似的项目。

建设净成本主要包括参照项目设计、建造、升级、改造、大修等方面投入的现金以及固定资产、土地使用权等实物和无形资产的价值，并扣除参照项目全生命周期内产生的转让、租赁或处置资产所获的收益。

运营维护净成本主要包括参照项目全生命周期内运营维护所需的原材料、设备、人工等成本，以及管理费用、销售费用和运营期财务费用等，并扣除假设参照项目与PPP项目付费机制相同情况下能够获得的使用者付费收入等。

第三十条 竞争性中立调整值主要是采用政府传统投资方式比采用PPP模式实施项目少支出的费用，通常包括少支出的土地费用、行政审批费用、有关税费等。

第三十一条　项目全部风险成本包括可转移给社会资本的风险承担成本和政府自留风险的承担成本，参照《政府和社会资本合作项目财政承受能力论证指引》（财金[2015]21号）第二十一条及有关规定测算。

政府自留风险承担成本等同于PPP值中的全生命周期风险承担支出责任，两者在PSC值与PPP值比较时可对等扣除。

第三十二条　用于测算PSC值的折现率应与用于测算PPP值的折现率相同，参照《政府和社会资本合作项目财政承受能力论证指引》（财金[2015]21号）第十七条及有关规定测算。

第三十三条　PPP值小于或等于PSC值的，认定为通过定量评价；PPP值大于PSC值的，认定为未通过定量评价。

第五章　评价报告和信息披露

第三十四条　项目本级财政部门（或PPP中心）会同行业主管部门，在物有所值评价结论形成后，完成物有所值评价报告编制工作，报省级财政部门备案，并将报告电子版上传PPP综合信息平台。

第三十五条　物有所值评价报告内容包括：

（一）项目基础信息。主要包括项目概况、项目产出说明和绩效标准、PPP运作方式、风险分配框架和付费机制等。

（二）评价方法。主要包括定性评价程序、指标及权重、评分标准、评分结果、专家组意见以及定量评价的PSC值、PPP值的测算依据、测算过程和结果等。

（三）评价结论，分为"通过"和"未通过"。

（四）附件。通常包括（初步）实施方案、项目产出说明、可行性研究报告、设计文件、存量公共资产的历史资料、PPP项目合同、绩效监测报告和中期评估报告等。

第三十六条　项目本级财政部门（或PPP中心）应在物有所值评价报告编制完成之日起5个工作日内，将报告的主要信息通过PPP综合信息平台等渠道向社会公开披露，但涉及国家秘密和商业秘密的信息除外。

第三十七条　在PPP项目合作期内和期满后，项目本级财政部门（或PPP中心）应会同行业主管部门，将物有所值评价报告作为项目绩效评价的重要组成部分，对照进行统计和分析。

第三十八条　各级财政部门（或 PPP 中心）应加强物有所值评价数据库的建设，做好定性和定量评价数据的收集、统计、分析和报送等工作。

第三十九条　各级财政部门（或 PPP 中心）应会同行业主管部门，加强对物有所值评价第三方专业机构和专家的监督管理，通过 PPP 综合信息平台进行信用记录、跟踪、报告和信息公布。省级财政部门应加强对全省（市、区）物有所值评价工作的监督管理。

第六章　附则

第四十条　本指引自印发之日起施行，有效期 2 年。

附录9：关于实施政府和社会资本合作项目以奖代补政策的通知

（财金[2015]158号）

各省、自治区、直辖市、计划单列市财政厅（局），新疆生产建设兵团财务局：

为贯彻落实《国务院办公厅转发财政部 发展改革委 人民银行关于在公共服务领域推广政府和社会资本合作模式指导意见的通知》（国办发[2015]42号）有关精神，通过以奖代补方式支持政府和社会资本合作（PPP）项目规范运作，保障PPP项目实施质量，现通知如下：

一、PPP项目以奖代补政策旨在支持和推动中央财政PPP示范项目加快实施进度，提高项目操作的规范性，保障项目实施质量。同时，引导和鼓励地方融资平台公司存量公共服务项目转型为PPP项目，化解地方政府存量债务。

（一）对中央财政PPP示范项目中的新建项目，财政部将在项目完成采购确定社会资本合作方后，按照项目投资规模给予一定奖励。其中，投资规模3亿元以下的项目奖励300万元，3亿元（含3亿元）至10亿元的项目奖励500万元，10亿元以上（含10亿元）的项目奖励800万元。奖励资金由财政部门统筹用于项目全生命周期过程中的各项财政支出，主要包括项目前期费用补助、运营补贴等。

（二）对符合条件、规范实施的转型为PPP项目的地方融资平台公司存量项目，财政部将在择优评选后，按照项目转型实际化解地方政府存量债务规模的2%给予奖励，奖励资金纳入相关融资平台公司收入统一核算。享受奖励资金支持的存量项目，其地方政府存量债务应通过合同条款明确地转移至项目公司或社会资本合作方，化债安排可行、交易成本合理、社会资本收益适度。中央财政PPP示范项目中的存量项目，优先享受奖励资金支持。

二、PPP项目以奖代补工作遵循依法合规、公开透明、政府引导、管理到位的原则。

（一）依法合规，是指PPP项目运作要严格遵守相关法律法规和政策制度，切实做到周密部署、有序规划、科学决策、规范实施。

（二）公开透明，是指PPP项目和以奖代补资金均实行阳光化运作，依法充分公开重要信息，对相关各方形成有效监督和约束。

（三）政府引导，是指财政部通过实施以奖代补政策，促进示范项目规范运作，鼓励地方融资平台公司加大存量项目转型力度。

（四）管理到位，是指财政部门规范以奖代补资金管理，严格审核，及时拨付，加强监督检查，保证资金安全和政策实施效果。

三、财政部根据全国PPP工作进展情况、项目实施情况和规定的奖励标准，按年确定PPP项目以奖代补工作计划，在普惠金融发展专项资金中安排以奖代补资金，列入下一年度中央财政预算。以奖代补资金原则上在预算安排额度内据实列支。

四、示范项目和地方融资平台公司转型项目所在地财政部门按年向省级财政部门报送以奖代补资金申请书及相关材料。省级财政部门将辖内以奖代补资金申请材料审核汇总后，报送财政部及财政部驻当地财政监察专员办事处（以下简称专员办）。专员办对省级财政部门报送的以奖代补资金申请材料进行审核，按规定出具审核意见报送财政部。财政部结合专员办审核意见，对省级财政部门报送的项目进行审核评选后，按规定向省级财政部门拨付奖励资金。省级财政部门收到财政部拨付的奖励资金后，及时将奖励资金予以转拨，并编制奖励资金的审核、拨付和使用情况报告，经专员办审核后报财政部备案。

五、享受以奖代补政策支持的PPP项目，必须严格执行国务院和财政部等部门出台的一系列制度文件，切实保障项目选择的适当性、交易结构的合理性、合作伙伴选择的竞争性、财政承受能力的中长期可持续性和项目实施的公开性，确保项目实施质量。不符合示范项目要求被调出示范项目名单的项目，不享受以奖代补政策支持。已经在其他中央财政专项资金中获得奖励性资金支持的PPP项目，不再纳入以奖代补政策奖励范围。

六、地方财政部门要对辖内PPP项目以奖代补资金的申请工作进行指导，做好奖励资金审核拨付的组织和协调工作。会同有关部门对奖励资金审核拨付工作进行检查，对检查中发现的问题及时处理和反映，保证以奖代补政策落到实处。

七、对以奖代补政策支持的 PPP 项目，有关省级财政部门要切实履行财政职能，因地制宜、主动作为，会同项目实施单位和有关部门，为项目的规范实施创造良好环境。积极推动项目加快实施进度，确保项目规范实施、按期落地，形成一批管理水平高、化债效果好、产出结果优、示范效应强的样板项目。

八、专员办要对辖内申请以奖代补资金的 PPP 项目有关情况进行认真审核，确保项目规范运作，符合 PPP 相关制度要求。同时，要加强对奖励资金拨付、使用的监督检查，规范审核拨付程序，保证奖励资金专项使用。

九、PPP 项目以奖代补政策自 2016 年起施行，执行期限暂定 3 年。

财政部
2015 年 12 月 8 日

附录10：河北省省级政府和社会资本合作（PPP）项目奖补资金管理办法（试行）

第一章 总则

第一条 为规范政府和社会资本合作（PPP）项目实施，转变财政资金投入方式，发挥财政资金的引导作用，根据《国务院办公厅转发财政部、发展改革委、人民银行关于在公共服务领域推广政府和社会资本合作模式指导意见的通知》（国办发[2015]42号）、《河北省人民政府关于推广政府和社会资本合作（PPP）模式的实施意见》（冀政[2014]125号）等相关文件以及专项资金管理有关规定，制定本办法。

第二条 本办法所称政府和社会资本合作（PPP）项目，是指在能源、交通运输、水利、环境保护、农业、林业、科技、保障性安居工程、医疗、卫生、养老、教育、文化等公共服务领域运用PPP模式推进的项目。

第三条 PPP项目奖补资金（以下简称奖补资金）由省级财政预算在推广运用PPP模式专项资金中安排，按照"奖补结合"的原则，根据各级开展政府和社会资本合作工作情况，给予一次性奖励和补助。

第四条 奖补资金的使用管理遵守国家和省有关法律、法规和财务规章制度，坚持"强化导向、突出关键、严格管理、注重绩效"原则，充分发挥财政资金"四两拨千金"的引导带动作用。

第二章 资金使用范围

第五条 奖补资金统筹用于PPP所有项目前期工作和项目资本金注入。

第六条 项目前期工作包括PPP项目可行性研究、物有所值评价、财政承受能力论证、实施方案编制、资产评估、公开推介、业务培训、法律服务以及政府采购等方面的工作。

第七条 项目资本金注入为市、县政府在PPP项目资本金方面的投入。

第三章 资金申报、审批与拨付

第八条 申报奖补资金的条件,需有已进行物有所值评价和财政承受能力论证并获得通过的项目。

第九条 凡是列入财政部PPP示范的项目、省PPP试点的项目、通过PPP模式成功化解存量债务的项目、通过物有所值评价和财政承受能力论证的项目,2015年省财政分别奖励每个项目所在市或县400万元、300万元、200万元、100万元(同时列入财政部示范和省试点的项目,按财政部示范项目奖励额度进行奖励)。2016年奖励额度由省财政视我省PPP模式推广情况进行相应调整。

第十条 省财政对PPP项目的补助资金采用因素分配法进行分配。对于各市、县PPP项目的补助,分配因素包括参加省PPP重点项目推介会项目数量、PPP项目进展阶段、PPP项目资本金注入、PPP工作推动情况等因素。对于省直行业主管部门PPP项目的补助,分配因素包括参加省PPP重点项目推介会项目数量、PPP项目进展阶段以及行业PPP运作制度建设等因素。

第十一条 市、县财政部门和省直行业主管部门负责申报PPP项目奖补资金,按照规定时间,根据工作进展情况,提供以下相应资料并加盖公章,同时在财政部PPP综合信息平台系统中进行申报,并对资料真实性、准确性、合规性负责。

1. 符合奖补资金申报条件的项目清单,清单中应按照《政府和社会资本合作模式操作指南(试行)》(财金[2014]113号)规定的项目识别、项目准备、项目采购、项目执行、项目移交五个阶段标明每个项目进展到的阶段。

2. PPP项目的可行性研究、物有所值评价、财政承受能力论证、实施方案编制、资产评估以及中介机构政府采购等相关文件和证明资料。

3. 市、县政府公开推介、业务培训、PPP制度和机构建设(正式出台的PPP模式推广贯彻落实意见、编办正式批复的专门管理机构)等相关文件和证明资料。

4. 市、县政府通过实施PPP项目减少存量债务的相关文件和证明资料,包括省财政厅确认的上年年底地方政府性债务余额,本地制定的债务转化方案以及地方政府通过实施PPP项目减少的政府性债务的证明等。

5. 市、县政府对 PPP 项目资本金注入方面的相关文件和证明资料。

6. 省直行业主管部门按照 PPP 模式行业管理要求制定或修订的行业项目建设规范、操作指南、监管标准、绩效评价标准等相关文件和证明资料。

第十二条　设区市财政部门负责市本级、市所辖县（市、区，含省财政直管县）财政部门资料申报的组织汇总工作，并上报省财政厅；定州市、辛集市财政部门和省直行业主管部门直接向省财政厅申报。

第十三条　省财政厅根据设区市、定州市、辛集市财政部门和省直行业主管部门汇总申报的相关资料，综合考虑各方面因素，按照省级年度预算安排情况具体确定奖补资金数额。

第十四条　省财政厅根据预算管理和财政国库管理有关规定，按照确定的奖补数额办理预算下达和资金拨付手续。对市、县奖补资金下达相应市、县财政部门；对省直行业主管部门的奖补资金拨付省直行业主管部门。

第四章　资金管理与监督

第十五条　奖补资金由奖补资金管理部门具体负责资金管理与监督。市、县项目奖补资金管理部门为市、县财政部门。省直项目奖补资金管理部门为省直行业主管部门。

第十六条　奖补资金管理部门应及时拨付、支出奖补资金，加强资金管理，按照职责对奖补资金使用进行全过程监督。

第十七条　奖补资金管理部门应严格执行国家、省有关财经法规、财务规章制度，确保项目申报材料真实、可靠，规范使用奖补资金，保证专款专用、单独核算，确保资金安全、高效。

第十八条　建立责任追究制度。奖补资金实行"谁使用、谁负责"的责任追究机制。对于滞留、截留、挤占、挪用、虚列、套取奖补资金的，按照《预算法》、《财政违法行为处罚处分条例》等有关规定给予处理。

第五章　绩效管理

第十九条　PPP 项目奖补资金的总体绩效目标是：充分发挥财政资金的引导作用，规范推进 PPP 项目实施，进一步提升公共服务的供给质量和效率，实现公共利益最大化。

第二十条　PPP项目奖补资金应根据绩效目标设置绩效指标。绩效指标是反映和衡量绩效目标实现情况的信息体系，包括资金管理指标、产出指标和效果指标。资金管理指标包括资金到位情况、资金支出进度、资金管理规范性等；产出指标包括项目前期工作进展情况、示范项目数量等；效果指标包括化解债务规模情况、通过实施项目提高公共产品和公共服务供给能力与效率等经济效益和社会效益指标等。

第二十一条　省市县行业主管部门要按照绩效预算管理的要求，确定PPP项目奖补资金绩效目标和绩效指标，组织开展PPP项目奖补资金绩效评价，完成绩效评价报告报送省财政厅。

第二十二条　市、县财政部门要加强奖补资金绩效预算管理，指导市、县行业主管部门认真编制绩效预算、开展绩效评价。省财政厅认为必要时，组织对重点项目绩效情况进行绩效评价。评价结果作为省财政安排以后年度奖补资金的重要参考依据。

第六章　附则

第二十三条　本办法由省财政厅负责解释。

第二十四条　本办法自印发之日起实施，有效期至2016年12月31日。

附录11：北京市推广政府和社会资本合作（PPP）模式奖补资金管理办法

第一条　为大力推广政府和社会资本合作（PPP）模式，根据《北京市人民政府办公厅关于在公共服务领域推广政府和社会资本合作模式的实施意见》（京政办发[2015]52号）和《财政部关于实施政府和社会资本合作项目以奖代补政策的通知》（财金[2015]158号）有关精神，制定本办法。

第二条　市财政局通过以奖代补方式支持市区有关部门推广运用政府和社会资本合作（PPP）模式，推动市、区PPP项目签约落地，加快实施，规范运作。

第三条　奖补资金分为综合奖补资金、项目奖补资金两种方式。

第四条　综合奖补资金，旨在鼓励各区以及市级主管部门积极推广政府和社会资本合作（PPP）模式。

拨付各区的综合奖补资金由市财政局按照因素法测算，区财政可统筹用于推广PPP模式相关费用支出，包括区PPP项目全生命周期过程中的各项财政支出，如项目前期费用补助等。主要测算因素如下：

1. PPP工作情况，所占权重30%，根据区财政部门推广PPP模式工作力度、PPP项目组织管理情况、市区工作协调情况等因素确定奖补额度；

2. 区PPP项目投资额全市占比，所占权重40%，根据区PPP项目投资额占全市各区级PPP项目总投资额比例确定奖补额度；

3. 区PPP项目个数全市占比，所占权重30%，根据区PPP项目个数占全市各区级PPP项目个数比例确定奖补额度。

拨付市级主管部门的资金按照部门预算管理有关规定执行。市级主管部门可用于PPP政策研究、PPP项目实施方案编制和专家评审等方面的支出。

第五条　项目奖补资金，包括市、区两级项目奖补资金，旨在鼓励市、区PPP项目规范实施。

对于区级PPP项目，市财政局在项目完成采购，确定社会资本合作方后，按不超过项目总投资额的 0.5% 给予奖励，最高奖补 500 万元；项目签约并开工建设的，市财政再按不超过项目总投资额的 0.1% 给予奖补，最高奖补 100 万元。项目奖补资金可用于 PPP 项目全生命周期过程中各项支出，包括项目前期费用等。

对于市级 PPP 项目，市财政局结合项目进展情况安排奖补资金，奖补资金标准和使用范围比照区级 PPP 项目执行。

市级项目奖补资金，通过各市级预算单位或项目公司向市财政局申请，并结合前期费用负担主体等情况予以拨付；区级项目奖补资金，由区财政局统一向市财政局申请，并拨付至区财政局。

第六条 纳入奖补资金补助范围的 PPP 项目应符合以下条件：

1. 项目按照财政部及我市关于 PPP 项目实施程序的相关要求规范运作。

2. 项目已录入财政部政府和社会资本合作（PPP）综合信息平台。

第七条 已通过其他政策或渠道获得财政奖励性资金支持的 PPP 项目，在申请项目奖补资金时，要将已获得的资金金额扣除。

第八条 对纳入财政部政府和社会资本合作示范项目名单的 PPP 项目，项目奖补资金最高为 800 万元，且无需扣除中央奖励资金金额，鼓励示范项目先行先试，发挥示范效应。

第九条 对于能够化解地方政府存量债务的 PPP 项目，根据中央财政奖励金额，再从区级项目奖补资金中给予同等金额的奖励。

第十条 奖补资金由市财政局安排下达，并报政府和社会资本合作模式联席会办公室备案。

第十一条 区财政部门和市级主管部门要切实履行职能，做好奖补资金的申报、审核、拨付等组织协调工作。要加强对奖补资金的管理，确保专款专用，加快资金支出进度，为推广 PPP 项目创造示范鼓励效应。

第十二条 市财政局将加强对奖补资金使用管理情况的监督检查。监督检查结果情况纳入下一年度综合奖补资金分配因素。

第十三条 本办法由北京市财政局负责解释。

第十四条 本办法自公布之日起施行。

北京市财政局
2016 年 4 月 7 日

附录12：江苏省政府和社会资本合作（PPP）项目奖补资金管理办法（试行）

江苏省财政厅关于印发《政府和社会资本合作（PPP）项目奖补资金管理办法》的通知（苏财规[2016]25号）

各市、县财政局：

为贯彻落实《省政府关于在公共服务领域推广政府和社会资本合作模式的实施意见》（苏政发[2015]101号）精神，调动各地加快PPP项目实施的积极性，进一步推动我省政府和社会资本合作（PPP）工作开展，省财政研究制定了《政府和社会资本合作（PPP）项目奖补资金管理办法（试行）》，现印发给你们，请遵照执行。

第一条 为贯彻落实《省政府关于在公共服务领域推广政府和社会资本合作模式的实施意见》（苏政发[2015]101号）和《江苏省关于推进政府和社会资本合作（PPP）模式有关问题的通知》（苏财金[2014]85号）精神，进一步推动我省政府和社会资本合作（PPP）工作开展，拓宽基础设施建设、公共服务项目和新型城镇化建设投融资渠道，提高公共产品供给质量和效率，特制定本办法。

第二条 省财政设立政府和社会资本合作（PPP）项目奖补资金（以下简称"PPP项目奖补资金"），充分调动各级政府和部门推广PPP模式的积极性，鼓励融资平台存量项目采用PPP模式改造，支持我省PPP试点示范项目规范开展，形成一批可复制、可推广的PPP项目示范案例，推动更多PPP项目落地实施。

第三条 PPP项目奖补资金支持范围包括财政部及省试点示范PPP项目。

第四条 申报奖补资金的PPP项目应符合以下条件：

（一）列入财政部和省试点示范的PPP项目。

（二）在规定的时间内已完成项目实施落地，即：每年度公布的试点示范项目应在下一个年度内完成项目方案编制并报省财政PPP办公室备案、项目采购等程序。

（三）申报的试点示范项目须符合国家、财政部、省政府、省财政等出台的一系列相关制度文件，并严格遵守项目操作流程，通过省级政府采购平台公开招选了社会资本方，充分引入竞争机制，公开择优选择合作方，保证项目实施质量。项目实施机构与中标的社会资本方应已签署 PPP 项目合同，并按规定公示。

（四）试点示范项目在申报奖补资金时，应已按方案及合同规定设立了项目公司，完成了工商登记等手续。

（五）申报的试点示范项目应已纳入财政部 PPP 项目综合信息平台系统管理，并随着项目五个发展阶段，及时更新填报系统中的项目进展信息，填报内容真实、详细、完整。

第五条 不符合试点示范项目要求被调出试点示范项目名单的项目，以及超过规定时间未落地的项目，不享受奖补政策。

第六条 各地财政部门应在试点示范 PPP 项目公司成立后，按照本管理办法要求组织向省财政厅报送奖补资金申报材料。申报材料包括：

（一）财政部门正式行文的奖补资金申请报告；

（二）PPP 项目奖补资金申请表；

（三）省级财政专项资金项目申报信用承诺书（苏财规 [2016]10 号）；

（四）项目正式签署的 PPP 项目合同文本复印件；

（五）项目公司成立的工商登记证明复印件；

（六）其他相关证明材料。

第七条 省财政厅 PPP 办公室负责具体组织实施项目评审工作，对各地申报奖补的 PPP 项目材料进行综合评审，对奖补项目进行公示。

第八条 对符合要求的 PPP 试点示范项目，省财政将按社会资本方出资的项目资本金金额（正式签署的合同金额），按以下比例计算给予奖补：

省财政将根据年初预算安排情况，确定具体项目奖补比例。对省辖市范围的单个 PPP 项目最高奖补金额不超过 2000 万元，对县（市）范围的单个 PPP 项目最高奖补金额不超过 1000 万元。

第九条 PPP 项目奖补资金由各地财政部门统筹用于项目全生命周期过程中的各项财政支出，包括项目前期费用补助、运营补贴及与 PPP 项目相关的其他支出。

第十条　各地财政部门应做好PPP项目奖补资金申报、初审、拨付的组织和协调工作，加强奖补资金使用的监督和管理，保证奖补政策落到实处，为推广PPP模式创造良好环境。要切实提高资金使用效益，加快项目实施进度，形成一批管理水平高、综合效益好、示范作用强的优质项目。使用PPP项目奖补资金的单位，应当自觉接受审计部门、财政部门以及业务主管部门的监督检查，及时提供相关资料。

第十一条　任何单位或个人不得骗取、截留、挪用PPP项目奖补资金。对PPP项目奖补资金使用管理中存在财政违法行为的单位及个人，依照《中华人民共和国预算法》、《财政违法行为处罚处分条例》等有关规定进行处理。

第十二条　省财政厅将根据工作实际对PPP试点示范项目后续进展进行跟踪，对资金使用情况进行监督检查。对出现项目签约后一年内不开工建设的、项目的运行模式改变不符合PPP要求的、社会资本方提前撤资或出资比合同约定金额减少等情况的，省财政厅将追回相关奖补资金。

第十三条　本办法自2016年7月15日起施行。

参考文献

1. 金永祥. 从中国 PPP 发展历程看未来［DB/OL］. http://www.water8848.com/news/201408/09/20226.html.2014-09-09.

2. 汪金敏. 认定 PPP 项目的十项标准［DB/OL］. http://huanbao.bjx.com.cn/news/20160704/747868-2.shtml.2016-07-04.

3. 王强. 学英国做 PPP, 该怎么学［DB/OL］. 来源：中国大气网.

4. 管清友. 中国式 PPP 的十大痛点）DB/OL］. http://huanbao.bjx.com.cn/news/20141210/571897.shtml. 2014-12-10.

5. 孟春，高雪妲. PPP 项目运营中如何规避风险［DB/OL］. http://www.mypm.net/articles/show_article_content.asp?articleID=29865&pageNO=3.2015-09-01.

6. 张伟. 如何让 PPP 落地生根：有契约精神政府社会资本和公众方能共赢［DB/OL］. http://huanbao.bjx.com.cn/news/20151230/696719.shtml. 2015-12-30.

7. 陈湘静. 政企合作中哪些问题正在得到解决［DB/OL］. http://www.chinaenvironment.com/view/ViewNews.aspx?k=20150617100827539. 2015-06-17.

8. 崔文苑. 融资方式单一 PPP 发展尚需破解融资难［N］.《经济日报》2016-6-13(6).

9. 杜涛. 银行怎么看 PPP 项目：需满足 20 多项条件才给贷款［DB/OL］. http://money.163.com/15/0621/08/ASKBMRSN00253B0H.html. 2015-06-21.

10. 赵福军. 资产证券化是推动 PPP 发展的重要引擎［DB/OL］. http://money.163.com/16/0120/07/BDOPJKM500251LIE.html. 2016-01-20.

11. 蒋修宝. PPP 项目合同体系及关键条款［DB/OL］. http://www.acla.org.cn/html/lvshiwushi/20160322/24821.html. 2016-03-22.

12. 王卫东. 特许经营协议真的是行政协议吗［DB/OL］. http://www.h2o-china.com/news/226702.html. 2015-06-23.

13. 魏革军. 激发民间投资的活力［DB/OL］. http://www.cnfinance.cn/magzi/2016-07-05-24090.html. 2016-07-05.